ITALIENISCHE REZEPTE 2022

REZEPTE AUS ITALIEN, ATEMBERAUBENDE ITALIENISCHE KÜCHE ZUM SELBER MACHEN

MARIO KLOPP

INHALTSVERZEICHNIS

Knoblauch Bruschetta 9

Tomaten-Bruschetta 11

Tomaten und Avocado Bruschetta 14

Bohnen und Grüntoast 16

Hühnerleber Toast 18

Zucchini und Käse Toast 20

Kichererbsen-Toast 22

Brokkoli-Toast 24

Auberginen- und Tomatentoast 26

"Little Orange" Reisbällchen 29

"Telefon-Draht" Reisbällchen 34

Sizilianische Kichererbsenmehlkrapfen 39

Basilikum Krapfen 42

Gebratene Salbeiblätter 44

Gemischter grüner Salat 46

Dreifarbiger Salat 49

Grüner Salat mit Zitronen- und Pinienkernen 51

Spinat-Ei-Salat 53

Rucola-Parmigiano-Salat 55

Römischer Frühlingssalat 58

Grüner Salat mit Gorgonzola und Walnüssen 60

Salat mit Tomaten, Mozzarella und Basilikum 62

Neapolitanischer Tomaten-Brot-Salat 64

Toskanischer Brotsalat 66

Salat mit Tomaten, Rucola und Ricotta 68

Tomaten-Ei-Salat 70

Avocado-Tomaten-Salat 73

Riviera Salat 75

Eingelegtes Gemüse 77

Russischer Salat 79

Pilz-Parmigiano-Salat 82

Fenchel-Parmigiano-Salat 84

Fenchel-Oliven-Salat 86

Würziger Karottensalat 88

Kartoffel-Brunnenkresse-Salat 91

Artusis Kartoffelsalat 93

Salat mit grünen Bohnen, Kartoffeln und roten Zwiebeln 95

Salat aus grünen Bohnen, Sellerie und Oliven 97

Warmer Linsensalat 99

Fava Bohnenpüree mit sieben Salaten 101

Sommerreissalat 104

"Knuspriger" Salat 106

Birnen-Pecorino-Salat ... 109

Orangen-Fenchel-Salat ... 111

Rüben-Orangen-Salat ... 113

Brotnudeln in Brühe ... 115

Tiroler Brotknödel ... 117

Grüne Bohnen-Wurst-Suppe ... 120

Escarole und kleine Fleischbällchensuppe ... 123

"Verheiratete" Suppe ... 125

Toskanische Fischsuppe ... 128

Chunky Fischsuppe ... 131

Meeresfrüchte, Pasta und Bohnensuppe ... 133

Muscheln und Muscheln in Tomatenbrühe ... 137

Marinara-Sauce ... 140

frische Tomatensoße ... 142

Tomatensauce nach sizilianischer Art ... 144

Tomatensauce nach toskanischer Art ... 147

Pizzaiola-Sauce ... 150

"Gefälschte" Fleischsauce ... 152

Rosa Sauce ... 155

Tomatensauce mit Zwiebeln ... 157

geröstete Tomatensauce ... 159

Ragù im Abruzzen-Stil ... 161

Neapolitanischer Ragù 164

Wurst Ragù 168

Ragù im Märchenstil 170

Toskanische Fleischsauce 173

Ragù nach Bologna-Art 177

Ente Ragù 180

Kaninchen oder Huhn Ragù 184

Steinpilze und Fleisch Ragù 187

Schweinefleisch Ragù mit frischen Kräutern 190

Trüffelfleisch Ragù 193

Butter-Salbei-Sauce 197

Heiliges Öl 199

Fontina-Käsesauce 200

Bechamelsauce 201

Knoblauchsoße 203

Grüne Soße 205

Sizilianische Knoblauch-Kapern-Sauce 207

Petersilie-Ei-Sauce 209

Roter Pfeffer und Tomatensauce 212

Olivensauce 214

Sonnengetrocknete Tomatensauce 215

Pfeffersauce nach Molise-Art 216

Olivenöl Mayonnaise 218

Knoblauch Bruschetta

Bruschetta

Macht 8

Im Castelli Romani-Viertel außerhalb Roms wurden mir dicke Scheiben knuspriges Brot serviert, geröstet und mit frischen Knoblauchzehen eingerieben und mit sattgrünem Olivenöl extra vergine getropft. Kleine Stücke jungen Grana-Käses begleiteten ihn, und wir spülten ihn mit einem fruchtigen lokalen Wein ab. Es war so einfach und doch so perfekt; Es war eine Mahlzeit, die ich nie vergessen werde.

In Umbrien und der Toskana entstand dieses Antipasti, um frisch gepresstes Olivenöl zu probieren. Das Pressen erfolgt normalerweise im Herbst, wenn es ziemlich kalt ist. Während die Olivenbauern darauf warteten, dass ihre frisch gepflückten Oliven gepresst wurden, rösteten sie etwas Brot und beträufelten es mit dem Öl direkt aus der Mühle. Die Wärme des Brotes bringt die Essenz des Öls zur Geltung. Der Knoblauch ist optional, besonders wenn das Öl wirklich fein ist.

8 (1/2 Zoll dicke) Scheiben zähes italienisches Brot

4 große Knoblauchzehen, geschält

Natives Olivenöl extra

Feines Meersalz oder koscheres Salz (optional)

1. Stellen Sie einen Grill oder einen Grillrost etwa 5 Zoll von der Wärmequelle entfernt auf. Grill oder Grill vorheizen. Das Brot auf einer Seite ca. 2 Minuten goldbraun rösten. Drehen Sie das Brot und rösten Sie die andere Seite ca. 2 Minuten.

2. Reiben Sie das Brot sofort mit einer Knoblauchzehe ein. Großzügig mit Öl beträufeln. Auf Wunsch mit Salz bestreuen. Sofort servieren.

Tomaten-Bruschetta

Bruschetta di Pomodori

Macht 8

Geröstetes Landbrot mit Tomaten ist so beliebt geworden, dass es fast ein Klischee ist. Aber wenn es in der Saison mit gutem, zähem Brot und reifen Tomaten richtig gemacht wird, gibt es wirklich nichts Besseres. Speichern Sie dieses für die sommerliche Tomatensaison. Hier ist die Grundformel sowie einige Variationen.

2 bis 3 mittelreife Tomaten

3 Esslöffel natives Olivenöl extra

3 frische Basilikumblätter oder 1/2 Teelöffel getrockneter Oregano

Salz und frisch gemahlener schwarzer Pfeffer

8 1/2-Zoll-Scheiben italienisches Brot

1 Knoblauchzehe

1. Schneiden Sie die Tomaten durch das Stielende in zwei Hälften. Schneiden Sie die Kerne weg. Samen und Saft auspressen. Hacken Sie die Tomaten in 1/2-Zoll-Stücke.

2. In einer mittelgroßen Schüssel die Tomaten mit Öl, Salz und Pfeffer abschmecken. Wenn Sie frisches Basilikum verwenden, stapeln Sie die Blätter und schneiden Sie sie quer in dünne Bänder. Basilikum oder Oregano zu den Tomaten geben und gut umrühren.

3. Stellen Sie einen Grill oder einen Grillrost etwa 5 Zoll von der Wärmequelle entfernt auf. Grill oder Grill vorheizen.

4. Das Brot auf einer Seite ca. 2 Minuten goldbraun rösten. Drehen Sie das Brot und rösten Sie die andere Seite ca. 2 Minuten. Reiben Sie es auf einer Seite mit der Knoblauchzehe. Tomaten aufstapeln und sofort servieren.

Tomaten und Avocado Bruschetta

Bruschetta di Pomodori und Avocado

Macht 8

Avocados sind in Italien nicht üblich. Aber weil sie so gut zu Tomaten und gutem Olivenöl passen, verwende ich sie oft als Belag für Bruschetta.

2 mittelreife Tomaten

3 Esslöffel natives Olivenöl extra

1 Esslöffel gehackte rote Zwiebel

Salz und frisch gemahlener schwarzer Pfeffer

1/2 mittelreife Hass-Avocado, gewürfelt

1 bis 2 Esslöffel frischer Zitronensaft

4 bis 8 (1/2 Zoll dicke) Scheiben italienisches Brot

1. Schneiden Sie die Tomate durch das Stielende in zwei Hälften. Schneiden Sie den Kern weg. Samen und Saft auspressen. Hacken Sie die Tomate in 1/2-Zoll-Stücke.

2. In einer mittelgroßen Schüssel die Tomaten mit Öl, Zwiebeln sowie Salz und Pfeffer abschmecken. Avocado und Zitronensaft einrühren.

3. Stellen Sie einen Grill oder einen Grillrost etwa 5 Zoll von der Wärmequelle entfernt auf. Grill oder Grill vorheizen.

4. Das Brot auf einer Seite ca. 2 Minuten goldbraun rösten. Drehen Sie das Brot und rösten Sie die andere Seite ca. 2 Minuten. Top mit der Tomatenmischung. Sofort servieren.

Bohnen und Grüntoast

Crostini di Fagioli und Verdura

Macht 8

Cremige Bohnen werden in Süditalien oft mit gekochtem Gemüse wie Broccoli Rabe, Chicorée oder Escarole serviert. Oft werden die Bohnen und Gemüse über Brot serviert. Ich habe die Kombination für diese Crostini angepasst, die mit Messer und Gabel gegessen werden sollten.

5 Esslöffel Olivenöl

2 große Knoblauchzehen, geschält und fein gehackt

1 kleines getrocknetes Chili (Peperoncino bevorzugt), zerkleinert oder eine Prise zerkleinerte rote Pfefferflocken

1 Pfund Broccoli Rabe, Chicorée oder Escarole, gewaschen, geschnitten und in mundgerechte Stücke geschnitten

¼ Tasse Wasser

Salz nach Geschmack

2 Tassen gekochte getrocknete oder eingemachte Cranberry- oder Cannellini-Bohnen, abgetropft

8 (1/2 Zoll dicke) Scheiben italienisches Brot, geröstet

1. In einen großen Topf 3 Esslöffel Öl, die Hälfte des Knoblauchs und den gesamten roten Pfeffer geben. Bei mittlerer Hitze ca. 1 Minute kochen lassen, bis es brutzelt.

2. Fügen Sie das Grün, 1/4 Tasse Wasser und Salz hinzu, um zu schmecken. Decken Sie die Hitze ab und senken Sie sie. Kochen, bis das Grün zart ist, etwa 10 Minuten für Broccoli Rabe oder Löwenzahngrün und 5 Minuten für Spinat.

3. In einem mittelgroßen Topf die restlichen 2 Esslöffel Öl und Knoblauch 1 Minute erhitzen. Die Bohnen einrühren, abdecken und bei schwacher Hitze ca. 4 Minuten kochen lassen, bis sie durchgeheizt sind. Die Bohnen grob zerdrücken. Nach Geschmack würzen.

4. Stellen Sie einen Grill oder einen Grillrost etwa 5 Zoll von der Wärmequelle entfernt auf. Grill oder Grill vorheizen.

5. Das Brot auf einer Seite ca. 2 Minuten goldbraun rösten. Drehen Sie das Brot und rösten Sie die andere Seite ca. 2 Minuten. Den Toast mit den Bohnen bestreichen. Top mit dem Grün und einem Löffel ihrer Kochflüssigkeit. Sofort servieren.

Hühnerleber Toast

Crostini di Fegato di Pollo

Macht 8

Toskanische Köche servieren diese Crostini zusammen mit lokal hergestellten Salumi-Scheiben (Wurstwaren) aus Schweinefleisch oder Wildschwein. Einer meiner Favoriten ist Finocchiona, Salame aus gemahlenem Schweinefleisch und Fenchelsamen.

8 Hühnerleber

3 Esslöffel Olivenöl

1 mittelrote Zwiebel, in Scheiben geschnitten und in Ringe getrennt

2 Salbeiblätter, gehackt

1 Teelöffel Balsamico-Essig

Salz und frisch gemahlener schwarzer Pfeffer

8 (1/2 Zoll dicke) Scheiben italienisches Brot, geröstet

1. Schneiden Sie die Hühnerleber ab und schneiden Sie die Verbindungsfasern mit einem scharfen Messer ab. Schneiden Sie jede Leber in 2 oder 3 Stücke. Spülen Sie die Lebern und tupfen Sie sie trocken.

2. Gießen Sie das Öl in eine mittlere Pfanne. Fügen Sie die Zwiebel und die Salbeiblätter hinzu und kochen Sie sie bei mittlerer Hitze etwa 5 Minuten lang, bis sie weich sind.

3. Fügen Sie die Hühnerleber hinzu und kochen Sie sie, wobei Sie die Leber mit einem Löffelrücken zerdrücken, bis sie nur noch leicht rosa ist (ca. 2 Minuten). Fügen Sie den Essig und Salz und Pfeffer hinzu, um zu schmecken.

4. Stellen Sie einen Grill oder einen Grillrost etwa 5 Zoll von der Wärmequelle entfernt auf. Grill oder Grill vorheizen. Das Brot auf einer Seite ca. 2 Minuten goldbraun rösten. Drehen Sie das Brot und rösten Sie die andere Seite ca. 2 Minuten.

5. Das Brot mit der Lebermischung belegen. Sofort servieren.

Zucchini und Käse Toast

Crostini di Zucchine

Macht 8

Crostini und Bruschetta sind beliebte Vorspeisen in römischen Weinbars. Eines Tages hatte ich zum Mittagessen eine Auswahl an heißen Crostini, darunter diese mit Zucchini und geschmolzenem Fontina Valle d'Aosta, einem aromatischen Kuhmilchkäse. Ersetzen Sie Schweizer, Asiago oder einen anderen halbfesten Käse, wenn Fontina Valle d'Aosta nicht verfügbar ist.

4 kleine Zucchini (ca. 1 Pfund), geschrubbt

4 Esslöffel Olivenöl

1 Knoblauchzehe, gehackt

1 Esslöffel gehackte frische Petersilie

1 Esslöffel gehacktes frisches Basilikum

1/2 Teelöffel getrockneter Oregano

Salz und frisch gemahlener schwarzer Pfeffer nach Geschmack

8 (1/2 Zoll dicke) Scheiben italienisches Brot

2 Unzen Fontina Valle d'Aosta oder Schweizer Käse, in dünne Scheiben geschnitten

1. Schneiden Sie die Enden von der Zucchini ab und schneiden Sie sie in 1/4-Zoll-Stäbchen mit einer Länge von 2 Zoll. Die Sticks mit Papiertüchern trocken tupfen.

2. Das Öl in einer großen Pfanne bei mittlerer Hitze erhitzen. Fügen Sie die Zucchini hinzu und kochen Sie sie unter gelegentlichem Rühren etwa 10 Minuten lang, bis sie leicht gebräunt ist.

3. Knoblauch, alle Kräuter sowie Salz und Pfeffer einrühren. Noch 2 Minuten kochen.

4. Stellen Sie einen Grill oder einen Grillrost etwa 5 Zoll von der Wärmequelle entfernt auf. Grill oder Grill vorheizen. Das Brot auf einer Seite ca. 2 Minuten goldbraun rösten. Drehen Sie das Brot und rösten Sie die andere Seite ca. 2 Minuten. Entfernen Sie den Toast, aber lassen Sie den Ofen eingeschaltet.

5. Legen Sie den Toast auf ein Backblech. Die Zucchini auf den Toast stapeln und mit dem Käse belegen. Lassen Sie die Crostini 2 Minuten lang oder bis der Käse geschmolzen ist unter dem Grill laufen. Sofort servieren.

Kichererbsen-Toast

Crostini di Ceci

Macht 8

Kichererbsen, manchmal auch Kichererbsenbohnen genannt, brauchen lange, um aus dem getrockneten Zustand zu kochen, deshalb kaufe ich sie normalerweise in Dosen. Sie passen gut zu Nudeln, in Suppen oder grob püriert als Belag für Crostini. Dieses Rezept ist meine Version der Crostini, die ich im Babbo Restaurant in New York probiert habe.

½ Tasse gehackte Schalotten oder Zwiebeln

½ Teelöffel schnippte frische Rosmarinblätter

2 Esslöffel natives Olivenöl extra sowie mehr zum Nieseln

1 (16 Unzen) Dose Kichererbsen, abgetropft

2 Esslöffel Wasser

1 Esslöffel Balsamico-Essig

Salz und frisch gemahlener schwarzer Pfeffer nach Geschmack

8 Scheiben italienisches Brot, ungefähr 1/2 Zoll dick

1. Kombinieren Sie in einem kleinen Topf die Schalotten, den Rosmarin und die 2 Esslöffel Öl bei mittlerer Hitze. 2 bis 3 Minuten kochen lassen oder bis die Schalotten weich sind.

2. Fügen Sie die Kichererbsen, Wasser und Salz und Pfeffer hinzu, um zu schmecken. Weitere 3 bis 4 Minuten oder bis zum Erhitzen kochen, dabei häufig umrühren und die Kichererbsen mit der Rückseite eines Löffels grob zerdrücken. Fügen Sie etwas mehr Wasser hinzu, wenn die Mischung trocken erscheint. Essig einrühren und abschmecken.

3. Stellen Sie einen Grill oder einen Grillrost etwa 5 Zoll von der Wärmequelle entfernt auf. Grill oder Grill vorheizen. Das Brot auf einer Seite ca. 2 Minuten goldbraun rösten. Drehen Sie das Brot und rösten Sie die andere Seite ca. 2 Minuten.

4. Mit der Kichererbsenmischung bestreichen. Mit zusätzlichem Öl beträufeln und sofort servieren.

Brokkoli-Toast

Crostini con Crema di Broccoli

Macht 8

Römischer Brokkoli, bekannt als Broccoli Romanesco, ist hellgrün mit einer schönen Form, die einer exotischen Muschel ähnelt. Ich kann es im Herbst auf dem örtlichen Bauernmarkt und gelegentlich bei Gourmet-Lebensmitteln finden. Der Geschmack ist zarter als bei dunkelgrünem Brokkoli, eher wie eine Kreuzung zwischen Brokkoli und Blumenkohl. Gewöhnlicher Brokkoli eignet sich gut für dieses Rezept. Das gekochte Gemüse wird mit Knoblauch und Olivenöl püriert und ist ein köstlicher Aufstrich für Crostini.

1 Pfund Brokkoli

Salz

1/4 Tasse natives Olivenöl extra

1 ganze Knoblauchzehe

Frisch gemahlener schwarzer Pfeffer

8 (1/2 Zoll dicke) Scheiben italienisches Brot

1. Schneiden Sie den Brokkoli ab und reservieren Sie einige der Stängel. Einen großen Topf mit Wasser zum Kochen bringen. Fügen Sie den Brokkoli und das Salz hinzu, um zu schmecken. Kochen, bis der Brokkoli zart ist, ca. 10 Minuten. Gut abtropfen lassen und etwas Wasser aufbewahren.

2. Übertragen Sie den Brokkoli in eine Küchenmaschine. Fügen Sie den Knoblauch hinzu und verarbeiten Sie ihn, bis er fein gehackt ist. Fügen Sie bei laufendem Motor das Öl durch das Rohr hinzu und verarbeiten Sie es, bis es glatt und streichfähig ist. Fügen Sie einen oder zwei Esslöffel Brokkoli-Wasser hinzu, wenn die Mischung zu dick ist. Mit Salz und Pfeffer abschmecken.

3. Stellen Sie einen Grill oder einen Grillrost etwa 5 Zoll von der Wärmequelle entfernt auf. Grill oder Grill vorheizen. Das Brot auf einer Seite ca. 2 Minuten goldbraun rösten. Drehen Sie das Brot und rösten Sie die andere Seite ca. 2 Minuten. Mit dem warmen Brokkolipüree bestreichen. Sofort servieren.

Auberginen- und Tomatentoast

Crostini alla Melanzane

Macht 8

Auberginen, Tomaten, Knoblauch und Käse sind in ganz Süditalien eine klassische Geschmackskombination - denken Sie an Auberginenparmesan oder die sizilianische Pasta alla Norma. Hier vereinen sich die gleichen Aromen als Belag für Crostini.

1 mittlere Aubergine, ungefähr 12 Unzen

Salz und frisch gemahlener schwarzer Pfeffer nach Geschmack

2 oder 3 große Knoblauchzehen

1 große reife Tomate, entkernt und gehackt

¼ Tasse gehacktes frisches Basilikum

2 Esslöffel natives Olivenöl extra

8 (1/2 Zoll dicke) Scheiben italienisches Brot

½ Tasse (ca. 3 Unzen) Ricotta-Salata-Käse, zerbröckelt

1. Stellen Sie einen Rost in die Mitte des Ofens. Heizen Sie den Ofen auf 375 ° F vor. Legen Sie die Aubergine auf ein Backblech und stechen Sie zwei- oder dreimal mit einer Gabel in die Haut, damit der Dampf entweichen kann. 60 Minuten backen oder bis sie weich sind. Leicht abkühlen lassen.

2. Nehmen Sie die Aubergine aus dem Ofen. Etwas abkühlen lassen, dann den Auberginenstiel entfernen und die Aubergine der Länge nach halbieren. Legen Sie es in ein Sieb, um es abtropfen zu lassen und vollständig abzukühlen.

3. Das Auberginenfleisch herausschöpfen und die Haut wegwerfen. Mit einer Gabel oder einem Stampfer zu einer Paste zerdrücken oder in einer Küchenmaschine pürieren. Nach Belieben Salz und Pfeffer hinzufügen.

4. Kombinieren Sie die Tomate mit dem Basilikum und Öl und fügen Sie ein wenig Salz und Pfeffer hinzu.

5. Stellen Sie einen Grill oder einen Grillrost etwa 5 Zoll von der Wärmequelle entfernt auf. Grill oder Grill vorheizen. Das Brot auf einer Seite ca. 2 Minuten goldbraun rösten. Drehen Sie das Brot und rösten Sie die andere Seite ca. 2 Minuten. Die Scheiben mit dem Knoblauch einreiben. Den Toast mit dem

Auberginenpüree bestreichen. Top mit der gehackten Tomatenmischung und dem Ricotta Salata. Sofort servieren.

"Little Orange" Reisbällchen

Arancine

Macht 18

Golden gebratene Reisbällchen sind ein klassischer sizilianischer Snack. Der italienische Name - Arancine - kommt von ihrer Ähnlichkeit mit Orangen. Zwei Versionen sind beliebt: eine mit der folgenden Fleischragu-Füllung und die andere mit Schinken und Bechamel.

Füllung

2 Esslöffel Olivenöl

1/2 Tasse sehr fein gehackte Zwiebel

1 Knoblauchzehe, fein gehackt

8 Unzen Hackfleischfutter

1 1/2 Tassen gehackte italienische Tomatenschalen in Dosen

Salz und frisch gemahlener schwarzer Pfeffer

1/2 Tasse frische oder gefrorene Erbsen

Reis

5 Tassen Hühnerbrühe

½ Teelöffel Safranfäden, zerbröckelt

2 Tassen mittelkörniger Reis wie Arborio, Carnaroli oder Vialone Nano

2 Esslöffel ungesalzene Butter

Salz nach Geschmack

4 große Eigelb

½ Tasse geriebener Parmigiano-Reggiano plus 1/2 Tasse geriebener Pecorino Romano

Montieren

5 große Eiweiße

2 Tassen einfache trockene Semmelbrösel

1 Tasse Allzweckmehl

4 Unzen importiertes Provolone, in kleine Würfel geschnitten

Pflanzenöl zum Braten

1. Für die Füllung Öl, Zwiebel und Knoblauch in eine mittelgroße Pfanne geben. Schalten Sie die Hitze auf mittel und kochen Sie, bis die Zwiebel weich ist, ungefähr 5 Minuten.

2. Das Rindfleisch in die Pfanne geben und unter Rühren etwa 10 Minuten lang kochen, bis die Klumpen leicht gebräunt sind. Tomaten einrühren und mit Salz und Pfeffer abschmecken. Bringen Sie die Sauce zum Kochen und reduzieren Sie die Hitze auf niedrig. Unter gelegentlichem Rühren etwa 30 Minuten kochen lassen, bis sie dick sind.

3. Fügen Sie die Erbsen hinzu und kochen Sie weitere 5 Minuten. Abkühlen lassen.

4. Brühe und Safran in einem großen Topf zum Kochen bringen. Reis, Butter und Salz einrühren. Decken Sie ab und reduzieren Sie die Hitze auf niedrig. Kochen Sie ungefähr 18 Minuten oder bis der Reis zart ist.

5. Den Reis vom Herd nehmen. Leicht abkühlen lassen, dann Eigelb und geriebenen Käse unterrühren.

6. Zum Zusammenbau das Eiweiß in einem flachen Teller schaumig schlagen. Verteilen Sie die Semmelbrösel auf einem Blatt Wachspapier und das Mehl auf einem anderen. Legen Sie einen Kuchengitter über ein Backblech.

7. Tauchen Sie Ihre Hände in kaltes Wasser, damit der Reis nicht klebt. Nehmen Sie etwa 1/3 Tasse der Reismischung auf und legen Sie sie in eine Handfläche. Stecke ein flaches Loch in die Mitte des Reises. Drücken Sie einen spärlichen Esslöffel der Fleischsauce in das Loch und bedecken Sie es mit einem Stück Provolone. Nehmen Sie Ihre Hand leicht in die Hand und formen Sie den Reis über die Füllung, um ihn vollständig einzuschließen. Fügen Sie bei Bedarf etwas mehr Reis hinzu, um die Füllung vollständig zu bedecken. Drücken Sie den Reis sehr vorsichtig zusammen, um ihn zu verdichten und eine Kugel zu bilden.

8. Rollen Sie den Reisbällchen vorsichtig in das Mehl und dann in das Eiweiß, um es vollständig zu beschichten. Rollen Sie den Ball in die Semmelbrösel und achten Sie darauf, dass keine Stellen frei bleiben. Legen Sie den Reisbällchen zum Trocknen auf ein Gestell.

9. Machen Sie weiter Reisbällchen mit den restlichen Zutaten. Lassen Sie die Reisbällchen 30 Minuten auf dem Rost trocknen.

10. Legen Sie ein Tablett mit Papiertüchern aus. Stellen Sie den Ofen auf die niedrigste Temperatur. Gießen Sie etwa 3 Zoll Öl in eine elektrische Fritteuse oder einen tiefen schweren Topf. Erhitzen Sie das Öl, bis die Temperatur mit einem

Frittierthermometer 375 ° F erreicht, oder wenn ein Tropfen Eiweiß brutzelt, wenn es dem Öl zugesetzt wird.

11. Legen Sie die Reisbällchen vorsichtig einige Male in das heiße Öl. Überfüllen Sie die Pfanne nicht. 3 bis 4 Minuten kochen, bis alles goldbraun und knusprig ist. Übertragen Sie die Reisbällchen mit einem geschlitzten Löffel oder Sieb zum Abtropfen auf die Papiertücher. Wiederholen Sie mit den restlichen Reisbällchen. Bewahren Sie die gekochten Reisbällchen im warmen Ofen auf, während Sie den Rest braten. Heiß oder warm servieren.

"Telefon-Draht" Reisbällchen

Suppli 'di Riso

Macht 24

Römer machen mit Käse gefüllte Reisbällchen. Wenn Sie den Reisbällchen auseinander ziehen, dehnt sich der geschmolzene Käse in der Mitte wie Telefonkabel zu Fäden aus, wodurch die Reisbällchen ihren Namen erhalten. Suppli 'werden in ganz Rom serviert; Italiener lieben es, nach der Schule vorbeizuschauen oder vor dem Abendessen einen zusätzlichen Snack zu sich zu nehmen.

5 Tassen Hühnerbrühe

2 Tassen mittelkörniger Reis wie Arborio, Carnaroli oder Vialone Nano

4 Esslöffel ungesalzene Butter

Salz nach Geschmack

3 große Eier, geschlagen

1 Tasse frisch geriebener Parmigiano-Reggiano

2 Esslöffel gehackte frische Petersilie

Prise frisch geriebene Muskatnuss

6 Unzen Mozzarella, in kleine Würfel geschnitten

Montieren

3 große Eier, geschlagen

2 Tassen getrocknete Semmelbrösel

1 Tasse Allzweckmehl

Pflanzenöl zum Braten

1. Die Brühe in einem großen Topf zum Kochen bringen. Reis, Butter und Salz einrühren. Decken Sie ab und reduzieren Sie die Hitze auf niedrig. Kochen, bis der Reis zart ist, ca. 18 Minuten.

2. Den Reis vom Herd nehmen. Leicht abkühlen lassen, dann die drei geschlagenen Eier, den geriebenen Käse, die Petersilie und die Muskatnuss unterrühren.

3. Zum Zusammenbau die anderen drei Eier in einem flachen Teller schaumig schlagen. Verteilen Sie die Semmelbrösel auf einem Blatt Wachspapier und das Mehl auf einem anderen. Legen Sie einen Kuchengitter über ein Backblech.

4. Tauchen Sie Ihre Hände in kaltes Wasser, damit der Reis nicht klebt. Nehmen Sie etwa 1/4 Tasse der Reismischung auf und legen Sie sie in eine Handfläche. Stecke ein flaches Loch in die Mitte des Reises. Drücken Sie etwas Mozzarella in das Loch. Nehmen Sie Ihre Hand leicht in die Hand und formen Sie den Reis über die Füllung, um ihn vollständig einzuschließen. Fügen Sie bei Bedarf etwas mehr Reis hinzu, um die Füllung vollständig zu bedecken. Drücken Sie den Reis sehr vorsichtig zusammen, um ihn zu verdichten und eine Kugel zu bilden.

5. Rollen Sie den Reisbällchen vorsichtig in das Mehl und dann in die Eier, um ihn vollständig zu beschichten. Rollen Sie den Ball in die Semmelbrösel und achten Sie darauf, dass keine Stellen frei bleiben. Legen Sie den Reisbällchen zum Trocknen auf ein Gestell.

6. Machen Sie weiter Reisbällchen mit den restlichen Zutaten. Lassen Sie die Reisbällchen 30 Minuten auf dem Rost trocknen.

7. Legen Sie ein Tablett mit Papiertüchern aus. Stellen Sie den Ofen auf die niedrigste Temperatur. Gießen Sie etwa 3 Zoll Öl in eine elektrische Fritteuse oder einen tiefen schweren Topf. Erhitzen Sie das Öl, bis die Temperatur mit einem Frittierthermometer 375 ° F erreicht, oder wenn ein Tropfen Eiweiß brutzelt, wenn es dem Öl zugesetzt wird.

8. Legen Sie die Reisbällchen vorsichtig einige Male in das heiße Öl. Überfüllen Sie die Pfanne nicht. 3 bis 4 Minuten kochen, bis alles goldbraun und knusprig ist. Übertragen Sie die Reisbällchen mit einem geschlitzten Löffel oder Sieb zum Abtropfen auf die Papiertücher. Wiederholen Sie mit den restlichen Reisbällchen. Bewahren Sie die gekochten Reisbällchen im warmen Ofen auf, während Sie den Rest braten. Heiß oder warm servieren.

Sizilianische Kichererbsenmehlkrapfen

Panelle

Ergibt 4 bis 6 Portionen

Kichererbsenmehl (siehe Einkaufsquellen) ist in vielen italienischen und nahöstlichen Märkten und Naturkostläden erhältlich. Einige Geschäfte bieten eine Auswahl an geröstetem und ungeröstetem Kichererbsenmehl an. Letzteres ist näher an der italienischen Art.

In Palermo werden diese Panelle als Vorspeise serviert, oft begleitet von einigen Caponata (siehe Süß-saure Aubergine) oder sie werden in einer Sesamrolle gestapelt, mit Ricotta und geriebenem Pecorino belegt und als Sandwich gegessen.

1 3/4 Tassen kaltes Wasser

1 Tasse Kichererbsenmehl

1 Teelöffel Salz

Frisch gemahlener schwarzer Pfeffer

Pflanzen- oder Erdnussöl zum Braten

1. Gießen Sie das Wasser in einen mittelgroßen Topf. Das Kichererbsenmehl langsam ins Wasser schlagen. Salz einrühren.

2. Stellen Sie den Topf auf mittlere Hitze und kochen Sie unter ständigem Rühren, bis die Mischung zum Kochen kommt. Reduzieren Sie die Hitze auf niedrig und kochen Sie unter ständigem Rühren etwa 5 Minuten lang, bis sie sehr dick sind.

3. Gießen Sie die Mischung auf ein Backblech. Verteilen Sie es mit einem Spatel gleichmäßig auf eine Dicke von etwa 1/4 Zoll. Eine Stunde abkühlen lassen oder bis sie fest sind. Für eine längere Lagerung mit Plastikfolie abdecken und im Kühlschrank aufbewahren.

4. Kurz vor dem Servieren etwa 1 Zoll des Öls in einem tiefen, schweren Topf erhitzen. Ein Tablett mit Papiertüchern auslegen. Schneiden Sie den Teig in 2-Zoll-Quadrate. Um zu testen, ob das Öl heiß genug ist, lassen Sie ein kleines Stück Teig in das Öl fallen. Das Öl sollte schnell brutzeln. Fügen Sie genug Teig hinzu, wie es passt, ohne sich zu drängen. Braten Sie die Stücke unter einmaligem Wenden etwa 4 Minuten lang, bis sie aufgebläht und goldbraun sind. Übertragen Sie die Krapfen mit einem geschlitzten Löffel auf die Papiertücher, um sie abtropfen zu lassen. Halten Sie sich warm, während Sie den Rest braten.

5. Mit Salz und Pfeffer bestreuen und heiß servieren.

Basilikum Krapfen

Foglie di Basilico Fritte

Ergibt 6 Portionen

Basilikumblätter in einem knusprigen Teig sind unwiderstehliche Vorspeisen. Probieren Sie auch Salbei und Petersilie.

½ Tasse Allzweckmehl

¼ Tasse Maisstärke

1 Teelöffel Salz

Etwa 1/2 Tasse Club Soda oder Mineralwasser

Pflanzenöl

24 große Basilikumblätter

1. Mehl, Maisstärke und Salz in einer kleinen Schüssel verquirlen. Rühren Sie genug Limonade ein, um einen dicken, glatten Teig zu erhalten. 1 Stunde stehen lassen.

2. Gießen Sie das Öl bis zu einer Tiefe von 1/2 Zoll in einen kleinen schweren Topf. Bei mittlerer Hitze erhitzen, bis ein

kleiner Tropfen des Teigs brutzelt und um die Pfanne schwimmt, wenn er dem heißen Öl zugesetzt wird.

3. Ein Tablett mit Papiertüchern auslegen. Wischen Sie die Basilikumblätter mit einem feuchten Papiertuch ab. Tauchen Sie die Blätter in den Teig. Entfernen Sie die Blätter nacheinander und gleiten Sie sie in das heiße Öl. 2 Minuten braten oder auf beiden Seiten goldbraun. Zum Abtropfen auf die Papiertücher legen.

4. Die restlichen Blätter auf die gleiche Weise braten. Heiß servieren.

Gebratene Salbeiblätter

Salvia Fritta

Ergibt 4 bis 6 Portionen

Bei einem großen Bankett, das vom Gastronomenverband der Region Marken organisiert wurde, wurden diese knusprigen gebratenen Salbeiblätter als Beilage zu Prosecco, einem trockenen Sekt, gereicht. Die Blätter machen süchtig wie Kartoffelchips.

1/3 Tasse feine trockene Semmelbrösel

24 große frische Salbeiblätter

2 Esslöffel Allzweckmehl

Salz

1 großes Eigelb, geschlagen

2 Esslöffel Olivenöl

1 Esslöffel ungesalzene Butter

Zitronenscheiben

1. Die Semmelbrösel auf einem Blatt Wachspapier verteilen. In einer kleinen Schüssel die Salbeiblätter mit dem Mehl und 1 Teelöffel Salz vermengen.

2. Tauchen Sie die Salbeiblätter nacheinander in das Eigelb und rollen Sie sie dann in die Semmelbrösel. Legen Sie die Blätter auf einen Kuchengitter, um sie 30 Minuten lang zu trocknen.

3. Ein Tablett mit Papiertüchern auslegen. Öl und Butter kurz vor dem Servieren in einer kleinen Pfanne erhitzen. Wenn der Butterschaum nachlässt, die Salbeiblätter in einer Schicht in der Pfanne anordnen. Braten Sie die Blätter einmal, bis sie auf beiden Seiten braun und knusprig sind, ca. 4 Minuten. Zum Abtropfen auf Papiertücher legen. Mit Salz bestreuen und heiß mit Zitronenschnitzen servieren.

Gemischter grüner Salat

Insalata Mista

Ergibt 4 Portionen

Als ich vor mehr als dreißig Jahren zum ersten Mal nach Italien ging, erinnere ich mich, dass der Kellner, wenn jemand in einem Restaurant einen Salat bestellte, das Dressing machte und den Salat nach den Vorgaben des Diner warf. Zuerst goss er ein wenig Öl über die Grüns und warf sie, bis sie leicht überzogen waren. Dann goss er ein wenig Weinessig in einen großen Servierlöffel, fügte Salz hinzu und schlug mit einer Gabel die Mischung kurz in den Löffel, um das Salz aufzulösen, bevor er es über den Salat tröpfelte. Dann warf er das Ganze weg, bis die Grüns gleichmäßig bedeckt waren.

Das grundlegende italienische Salatdressing besteht einfach aus nativem Olivenöl extra, Rot- oder Weißweinessig und Salz. Wenn es sich um ein Fischmehl handelt, wird der Essig manchmal durch frischen Zitronensaft ersetzt. Das Dressing enthält keine Kräuter oder Gewürze, nicht einmal Pfeffer. Balsamico-Essig, der so populär geworden ist, war bis vor kurzem außerhalb der Emilia-Romagna wenig bekannt.

Heutzutage werden in den meisten Restaurants Öl und Essig in Brötchen auf den Tisch gelegt, damit Sie Ihr eigenes Dressing mischen können.

1 Kopf Romaine, Boston, Eisberg oder anderer Salat oder eine Kombination

Über 3 Esslöffel natives Olivenöl extra

1 Esslöffel Weinessig

Salz nach Geschmack

1. Schneiden Sie den Salat ab und werfen Sie die äußeren Blätter und alle gequetschten weg. Waschen Sie sie in mehreren kühlen Wasserwechseln. Sehr gut trocknen. Den Salat in mundgerechte Stücke schneiden. Es sollten ungefähr 6 Tassen sein.

2. Den Salat in eine große Salatschüssel geben. Mit dem Öl beträufeln und gut umrühren. In einer kleinen Schüssel Essig und Salz verquirlen, bis sich das Salz aufgelöst hat. Gießen Sie den Essig über den Salat und werfen Sie ihn erneut. Probieren Sie ein Stück Salat und fügen Sie bei Bedarf mehr Öl, Essig oder Salz hinzu. Sofort servieren.

Variation: Für zusätzliche Farbe und Substanz 1 Tasse zerkleinerte Karotten oder zerrissenen Radicchio und 1 oder 2 in Keile geschnittene Tomaten hinzufügen.

Dreifarbiger Salat

Insalata Tricolore

Ergibt 4 Portionen

Die italienische Flagge hat drei kräftige Streifen in Rot, Weiß und Grün, daher wird sie bekanntlich als Trikolore bezeichnet. Dieselben Farben kommen in der italienischen Küche häufig vor. Eine Reihe von Gerichten, die die Farben haben, sind mit der Flagge und dem patriotischen Stolz verbunden, wie die Pizza Margherita aus Basilikum, Tomate und Mozzarella, die angeblich zu Ehren einer Königin erfunden wurde, oder die Pugliese-Nudeln mit Tomaten und Kartoffeln und Rucola, bekannt als la bandiera, was die Flagge bedeutet. Dieser hübsche Salat mit rotem Radicchio, weißem Endivien und grünem Rucola wird oft als Insalata tricolore bezeichnet.

2 belgische Endivien, in Blätter getrennt

1 kleiner Kopf Radicchio

1 kleiner Bund Rucola

3 Esslöffel natives Olivenöl extra

1 bis 2 Esslöffel Rotweinessig

Salz

1. Schneiden Sie das Gemüse ab und werfen Sie die äußeren Blätter und alle gequetschten weg. Waschen Sie sie in mehreren kühlen Wasserwechseln. Sehr gut trocknen. Den Endivien quer in 3 oder 4 Stücke schneiden. Den Radicchio in mundgerechte Stücke zerreißen. Schneiden Sie die zähen Rucola-Stängel ab und zerreißen Sie die Blätter in mundgerechte Stücke. Legen Sie das Gemüse in eine große Salatschüssel.

2. Das Gemüse mit dem Öl beträufeln und gut umrühren. In einer kleinen Schüssel Essig und Salz verquirlen, bis sich das Salz aufgelöst hat. Gießen Sie den Essig über den Salat und werfen Sie ihn erneut. Probieren Sie den Salat und fügen Sie bei Bedarf mehr Öl, Essig oder Salz hinzu. Sofort servieren.

Grüner Salat mit Zitronen- und Pinienkernen

Insalata Verde al Pinoli

Ergibt 4 Portionen

Dieser Salat ist ein modernes Rezept, das ich in Florenz hatte. Ich verwende winzige gemischte Grüns, die oft als Mesclun verkauft werden, aber Babyspinat wäre auch gut. Ein wenig Zitronenschale verleiht ihm zusätzlichen Geschmack und die Pinienkerne sorgen für Knusprigkeit. Sie sind leicht in einer trockenen Pfanne zu rösten.

¼ Tasse Pinienkerne

6 Tassen gemischtes Babygrün

¼ Tasse natives Olivenöl extra

2 Esslöffel frischer Zitronensaft

Prise geriebene Zitronenschale

Salz und frisch gemahlener schwarzer Pfeffer

1. Legen Sie die Pinienkerne in eine kleine Pfanne. Stellen Sie die Hitze auf mittel und kochen Sie die Nüsse, wobei Sie die Pfanne gelegentlich schütteln, bis sie duftend und leicht geröstet sind (ca. 5 Minuten). Abkühlen lassen.

2. Waschen Sie das Grün in mehreren Wechseln mit kaltem Wasser. Sehr gut trocknen. Zerreißen Sie das Grün in mundgerechte Stücke.

3. In einer großen Salatschüssel Öl, Zitronensaft, Zitronenschale sowie Salz und Pfeffer nach Belieben verquirlen. Fügen Sie die Grüns hinzu und werfen Sie gut. Fügen Sie die Pinienkerne hinzu und werfen Sie sie erneut. Sofort servieren.

Spinat-Ei-Salat

Insalata di Spinaci

Ergibt 4 Portionen

Blätter von Baby-Spinat sind perfekt für Salate. Sie schmecken zart und mild, und da sie nicht zugeschnitten werden müssen und normalerweise frei von Sand sind, sind sie sehr einfach zuzubereiten.

4 große Eier

6 Unzen Baby-Spinatblätter 3 Esslöffel natives Olivenöl extra

1 Esslöffel Balsamico-Essig

Salz und frisch gemahlener schwarzer Pfeffer

1 Esslöffel gehackte Kapern

1. Legen Sie die Eier in einen kleinen Topf mit kaltem Wasser, um sie zu bedecken. Das Wasser zum Kochen bringen. 12 Minuten kochen lassen. Lassen Sie die Eier unter kaltem fließendem Wasser abkühlen. Abgießen und schälen.

2. Schneiden Sie den Spinat ab und werfen Sie alle gequetschten Blätter und zähen Stängel weg. Waschen Sie sie in mehreren

kühlen Wasserwechseln. Sehr gut trocknen. In mundgerechte Stücke zerreißen.

3. Gekochtes Eiweiß und Eigelb trennen. Das Eigelb in eine Schüssel geben und zerdrücken. Öl, Essig sowie Salz und Pfeffer nach Belieben einrühren. Das Eiweiß hacken und beiseite stellen.

4. In einer großen Schüssel die Spinatblätter und Kapern zusammen werfen. Fügen Sie die Eigelbmischung hinzu und werfen Sie gut. Fügen Sie die Hälfte des Eiweißes hinzu und werfen Sie es erneut.

5. Den Salat auf 4 Teller geben und mit dem restlichen Eiweiß bestreuen. Sofort servieren

Rucola-Parmigiano-Salat

Insalata di Rughetta und Parmigiano

Ergibt 4 Portionen

Die Rucola-Sorte, aus der dieser Salat in Italien hergestellt wird, ist knusprig, pfeffrig und nussig mit kleinen spitzen Blättern. Rucola ist hier eine etwas andere Sorte mit abgerundeten Blättern, die nicht ganz so knusprig oder nussig im Geschmack sind. Deshalb kaufe ich Rucola-Samen in Italien und züchte sie in einer großen Fensterbox. Von Frühling bis Herbst genieße ich meine einheimische italienische Rughetta, obwohl ich den Rest des Jahres diesen Salat immer noch mit dem einheimischen Rucola serviere.

Zur Abwechslung diesen Salat mit gerösteten Walnüssen belegen.

3 Esslöffel natives Olivenöl extra

2 Teelöffel Balsamico-Essig

Salz und frisch gemahlener schwarzer Pfeffer

2 Trauben Rucola

2 Unzen Stück Parmigiano-Reggiano-Käse

1. Schneiden Sie die harten Stängel der Rucola ab und werfen Sie alle vergilbten oder gequetschten Blätter weg. Waschen Sie den Rucola in mehreren kühlen Wasserwechseln. Sehr gut trocknen. Den Rucola in mundgerechte Stücke zerreißen.

2. In einer großen Schüssel den Rucola mit dem Öl beträufeln und gut umrühren. In einer kleinen Schüssel Essig, Salz und Pfeffer verquirlen, bis sich das Salz aufgelöst hat. Gießen Sie den Essig über den Salat und werfen Sie ihn erneut. Geschmack zum Würzen. Den Salat auf Servierteller stapeln.

3. Rasieren Sie den Käse mit einem Gemüseschäler über dem Salat. Sofort servieren.

Römischer Frühlingssalat

Insalata di Puntarella

Ergibt 4 Portionen

Im Frühjahr verkaufen römische Gemüsehändler ein hellgrünlich-weißes Gemüse, das als Puntarella bekannt ist. Als Mitglied der Endivienfamilie ist es auf Englisch als katalanischer Chicorée bekannt. Da es in den USA nicht weit verbreitet ist, ersetze ich entweder Frisée oder belgischen Endivien. Sie gehören zur selben großen Chicorée-Familie und haben einen ähnlich angenehm bitteren Geschmack, der gut zu pikantem Sardellen- und Knoblauchdressing passt. Die Römer betrachten diesen Salat als Vorbote des Frühlings.

8 Tassen Frisée oder 4 mittelgroße belgische Endivien

6 gehackte Sardellenfilets

1 kleine Knoblauchzehe, sehr fein gehackt

Salz

¼ Tasse natives Olivenöl extra

1 bis 2 Esslöffel Rotweinessig

Frisch gemahlener schwarzer Pfeffer

1. Schneiden Sie das Frisée oder den Endivien ab und werfen Sie die äußeren Blätter und alle gequetschten weg. Waschen Sie das Gemüse in mehreren Wechseln mit kaltem Wasser. Sehr gut trocknen. Zerreißen Sie das Frisée, wenn Sie es verwenden, in mundgerechte Stücke. Den Endivien quer in schmale Streifen schneiden.

2. In einer großen Salatschüssel die Sardellenfilets, den Knoblauch und eine Prise Salz mit einer Gabel zerdrücken, um eine glatte Paste zu erhalten. Öl und Essig unterrühren.

3. Fügen Sie das Gemüse hinzu und werfen Sie gut. Nach Belieben Pfeffer hinzufügen. Nach Geschmack würzen. Sofort servieren.

Grüner Salat mit Gorgonzola und Walnüssen

Insalata con Gorgonzola

Ergibt 6 Portionen

Die Aromen von Walnüssen und Gorgonzola passen perfekt zusammen. Hier werden sie mit zarten Bostoner Salatblättern und einem einfachen Öl-Essig-Dressing geworfen. Ich habe diesen Salat oft als leichte Mahlzeit oder um einer Schüssel Suppe zu folgen.

2 kleine Köpfe Boston Salat

¼ Tasse natives Olivenöl extra

1 bis 2 Esslöffel Rot- oder Weißweinessig

Salz und frisch gemahlener schwarzer Pfeffer

4 Unzen Gorgonzola, Rinde entfernt und zerbröckelt

½ Tasse Walnüsse, geröstet und gehackt

1. Waschen Sie den Salat in mehreren Wechseln mit kaltem Wasser. Sehr gut trocknen. Zerreißen Sie das Grün in mundgerechte Stücke.

2. Öl, Essig sowie Salz und Pfeffer nach Geschmack verquirlen. Gießen Sie das Dressing über den Salat und werfen Sie es, bis es gut bedeckt ist. Geschmack zum Würzen.

3. Fügen Sie den Käse und die Walnüsse hinzu. Werfen Sie noch einmal. Sofort servieren.

Salat mit Tomaten, Mozzarella und Basilikum

Insalata Caprese

Ergibt 4 Portionen

Dieser Salat ist pure Perfektion, wenn er aus sommerreifen Tomaten, frischem Mozzarella, hochwertigem Olivenöl extra vergine und frischem Basilikum hergestellt wird. Denken Sie nicht einmal daran, weniger zu verwenden. Es ist am besten, den Salat kurz vor dem Servieren zusammenzustellen und zu servieren. Abkühlen würde seinen delikaten Geschmack zerstören.

4 mittelreife Tomaten, in 1/4-Zoll-Scheiben geschnitten

12 Unzen frischer Mozzarella, in 1/4-Zoll-Scheiben geschnitten

Salz und frisch gemahlener schwarzer Pfeffer

8 frische Basilikumblätter

1/4 Tasse natives Olivenöl extra

1. Wechseln Sie die Tomaten- und Mozzarella-Scheiben auf einer Servierplatte ab. Mit Salz und Pfeffer bestreuen.

2. Stapeln Sie die Basilikumblätter und schneiden Sie sie quer in dünne Streifen. Die Streifen über den Salat streuen. Mit dem Öl beträufeln und sofort servieren.

Variation: Wenn Sie einen guten Vorrat an frischem Basilikum haben, fügen Sie für jede Reihe Tomaten und Mozzarella ein Basilikumblatt hinzu.

Neapolitanischer Tomaten-Brot-Salat

La Caponata

Ergibt 4 Portionen

Für diesen Salat in Neapel werden harte Kekse verwendet, die als Freselle bekannt sind (in italienischen Lebensmittelgeschäften erhältlich), aber auch geröstetes Brot kann verwendet werden. Meine Großmutter hat diesem Salat immer Eiswürfel hinzugefügt, ein cleverer italienischer Trick. Das Eis kühlt die Zutaten leicht ab, und während das Eis schmilzt, dehnt das kalte Wasser die Gemüsesäfte aus, damit sie in das Brot einweichen können.

Verwechseln Sie diesen Salat, der in Neapel als Caponata bekannt ist, nicht mit der sizilianischen Caponata (Süß-saure Aubergine), hergestellt aus gekochten Auberginen, Tomaten und Kapern.

4 Freselle oder 1 Zoll dicke Scheiben italienisches oder französisches Brot, geröstet

2 große reife Tomaten

2 kleine Kirby Gurken, in Scheiben geschnitten

3 oder 4 Scheiben rote Zwiebel, gehackt

4 frische Basilikumblätter, in kleine Stücke zerrissen

¼ Tasse natives Olivenöl extra

Über 2 Esslöffel weißer Essig

Salz und frisch gemahlener schwarzer Pfeffer

8 Eiswürfel

1. Brechen Sie die Freselle oder das Brot in mundgerechte Stücke und legen Sie sie in eine Schüssel. Mit ca. 1/4 Tasse kaltem Wasser oder genug bestreuen, um das Brot leicht zu erweichen.

2. Tomaten, Gurken, Zwiebeln und Basilikum in die Schüssel geben. Mit Öl und Essig beträufeln und mit Salz und Pfeffer abschmecken. Gut werfen.

3. Die Eiswürfel zum Salat geben und 15 Minuten stehen lassen. Nochmals umrühren und zum Würzen abschmecken. Bei Bedarf mehr Essig hinzufügen. Sofort servieren.

Variation: Sie können die Pugliese-Version dieses Salats namens Cialedda herstellen. Sie verwenden eine runde Gurkensorte (aber verwenden, was verfügbar ist) sowie Radieschen, Rucola und Sellerie.

Toskanischer Brotsalat

Panzanella

Ergibt 4 bis 6 Portionen

Die wichtigste Zutat in diesem Salat ist das Brot, das knusprig und zäh sein muss. Weiches matschiges Brot würde schmelzen, wenn es eingeweicht würde, anstatt zu zerbröckeln. Gurken und Radieschen können ebenfalls hinzugefügt werden.

6 bis 8 Scheiben eintägiges italienisches Brot im Landhausstil

½ Tasse Wasser

2 reife Tomaten, in mundgerechte Stücke geschnitten

2 zarte Sellerierippen, in dünne Scheiben geschnitten

1 mittelrote Zwiebel, in dünne Scheiben geschnitten

½ Tasse frische Basilikumblätter, in Stücke gerissen

½ Tasse natives Olivenöl extra

3 bis 4 Esslöffel Rotweinessig

Salz und frisch gemahlener schwarzer Pfeffer

1. Das Brot in eine große Schüssel geben und mit Wasser bestreuen. 1 Stunde stehen lassen. Drücken Sie das überschüssige Wasser heraus und wischen Sie die Schüssel aus. Zerreißen Sie das Brot in Stücke und legen Sie es wieder in die Schüssel.

2. Fügen Sie die Tomaten, den Sellerie, die Zwiebel und das Basilikum hinzu. Gut werfen. In einer kleinen Schüssel Öl, Essig sowie Salz und Pfeffer nach Belieben verquirlen. Gießen Sie das Dressing über den Salat und werfen Sie es erneut. Abdecken und 1 Stunde an einem kühlen Ort stehen lassen.

3. Werfen Sie den Salat und schmecken Sie und passen Sie die Gewürze an. Sofort servieren.

Salat mit Tomaten, Rucola und Ricotta

Insalata di Pomodori und Ricotta Salata

Ergibt 4 Portionen

Dies ist ein schöner, einfach zusammengesetzter Salat. Ricotta Salata ist gepresster gesalzener Ricotta, der halbfest ist und Feta ähnelt. Es passt gut zu den süßen Tomaten und dem leicht bitteren Rucola. Ersetzen Sie Feta oder zerbröckelte Gorgonzola, wenn Ricotta Salata nicht verfügbar ist.

1 Bund Rucola

2 große reife Tomaten, entkernt und in dünne Scheiben geschnitten

2 dünne Scheiben rote Zwiebel, in Ringe getrennt

1/4 Tasse Olivenöl extra vergine

Salz und frisch gemahlener schwarzer Pfeffer

4 Unzen Ricotta Salata, grob gerieben

1. Schneiden Sie die harten Stängel der Rucola ab und werfen Sie alle vergilbten oder gequetschten Blätter weg. Waschen Sie den Rucola in mehreren kühlen Wasserwechseln. Sehr gut trocknen. Den Rucola in mundgerechte Stücke zerreißen.

2. Die Tomaten auf einer Platte anrichten. Mit Rucola und Zwiebelringen belegen. Mit Olivenöl beträufeln und mit Salz und Pfeffer abschmecken.

3. Den Ricotta-Salata über den Salat streuen. Sofort servieren.

Tomaten-Ei-Salat

Insalata di Pomodori e Uova

Ergibt 2 bis 4 Portionen

Ich mache diesen sizilianischen Salat im Sommer mindestens einmal pro Woche zum Mittagessen. Es ist auch toll in einem Sandwich.

4 große Eier

2 große reife Tomaten, in Keile geschnitten

4 Frühlingszwiebeln, in dünne Scheiben geschnitten

6 frische Basilikumblätter, gestapelt und in dünne Bänder geschnitten

2 Esslöffel natives Olivenöl extra

1 Esslöffel Rotweinessig

Salz und frisch gemahlener schwarzer Pfeffer

1. Legen Sie die Eier in einen kleinen Topf mit kaltem Wasser, um sie zu bedecken. Das Wasser zum Kochen bringen. 12 Minuten kochen lassen. Lassen Sie die Eier unter kaltem fließendem Wasser abkühlen. Abgießen und schälen. Schneiden Sie die Eier in Viertel.

2. Kombinieren Sie in einer großen Schüssel die Eier, Tomaten, Frühlingszwiebeln und Basilikum.

3. In einer kleinen Schüssel Öl, Essig sowie Salz und Pfeffer nach Belieben verquirlen. Gießen Sie das Dressing über den Salat und werfen Sie es vorsichtig um. Sofort servieren.

Avocado-Tomaten-Salat

Avocado in Insalata

Ergibt 6 Portionen

Mit saftigen reifen Tomaten und reichhaltigen, aromatischen Avocados allein wäre dies ein großartiger Salat. Es ist ein zeitgemäßes Rezept, inspiriert von einem Salat, den ich in Mailand gegessen habe. Importiertes Provolone hat einen scharfen, leicht rauchigen Geschmack und eine trockenere Textur als der in Scheiben geschnittene einheimische Käse. Estragon wird in Italien nicht sehr oft verwendet, aber hier fügt es etwas anderes hinzu. Wenn Sie es lieber nicht verwenden möchten, lassen Sie es einfach weg oder ersetzen Sie ein anderes Kraut wie Basilikum oder Petersilie.

1 mittelgroßer Boston- oder Blattsalat

¼ Tasse Olivenöl

2 Esslöffel Zitronensaft

1 Teelöffel Dijon-Senf

Salz und frisch gemahlener schwarzer Pfeffer nach Geschmack

6 Basilikumblätter, in Stücke gerissen

1 Esslöffel gehackter frischer Estragon

2 kleine reife Avocados, geschält und in Scheiben geschnitten

4 Unzen importiertes Provolone, in Scheiben geschnitten

2 mittelgroße Tomaten, in Scheiben geschnitten

1. Schneiden Sie den Salat ab und werfen Sie die äußeren Blätter und alle gequetschten weg. Waschen Sie es in mehreren kühlen Wasserwechseln. Sehr gut trocknen. Den Salat in mundgerechte Stücke schneiden. Es sollten ungefähr 8 Tassen sein.

2. In einer kleinen Schüssel Öl, Zitronensaft, Senf sowie Salz und Pfeffer nach Geschmack verquirlen.

3. In einer tiefen Platte Salat, Basilikum und Estragon zusammenwerfen. Die Hälfte des Dressings hinzufügen und gut umrühren.

4. Die Avocado-, Provolone- und Tomatenscheiben abwechselnd darauf verteilen. Mit dem restlichen Dressing beträufeln und sofort servieren.

Riviera Salat

Bedingung

Ergibt 4 Portionen

Dieser Salat ist an der gesamten Riviera von Italien bis Frankreich beliebt. Andere Versionen, die ich gesehen habe, sind Sellerie, Artischocken sowie weiße und grüne Zwiebeln. Sie können also gerne improvisieren.

2 mittelkochende Kartoffeln

Salz

4 große Eier

2 Tomaten, halbiert und in Scheiben geschnitten

1 kleine Gurke, geschält und in Scheiben geschnitten 1/4 Zoll dick

1 kleine rote oder gelbe Paprika, in schmale Streifen geschnitten

6 Sardellenfilets, in 5 oder 6 Stücke geschnitten

1/2 Tasse entkernte grüne Oliven, gespült und abgetropft und grob gehackt

6 Basilikumblätter, in Stücke gerissen

3 Esslöffel natives Olivenöl extra

1 Esslöffel Weinessig

Frisch gemahlener schwarzer Pfeffer

1. Legen Sie die Kartoffeln in einen Topf mit kaltem Wasser zum Abdecken und Salz nach Geschmack. Zum Kochen bringen und ca. 20 Minuten kochen lassen, bis sie weich sind. Die Kartoffeln abtropfen lassen und schälen. Schneiden Sie sie in 1/4 Zoll dicke Scheiben.

2. In der Zwischenzeit die Eier in einen kleinen Topf mit kaltem Wasser legen, um sie zu bedecken. Das Wasser zum Kochen bringen. 12 Minuten kochen lassen. Lassen Sie die Eier unter kaltem fließendem Wasser abkühlen. Abgießen und schälen. Schneiden Sie die Eier in Viertel.

3. Kombinieren Sie in einer großen Schüssel die Kartoffeln, Tomaten, Gurken, Paprika, Sardellen und Oliven. Die Basilikumblätter darüber streuen.

4. In einer kleinen Schüssel Öl, Essig sowie Salz und Pfeffer nach Belieben verquirlen. Gießen Sie das Dressing über den Salat und werfen Sie es vorsichtig um. Mit den Eiern garnieren. Sofort servieren.

Eingelegtes Gemüse

Giardiniera

Macht 2 Pints

Eingelegtes Gemüse passt gut zu Antipasti, Aufschnitt oder Sandwiches. Variieren Sie das Gemüse je nach Saison oder Verfügbarkeit. Auf diese Weise können Champignons, grüne Bohnen, kleine Rüben oder Radieschen, Gurken und viele andere zubereitet werden. Achten Sie darauf, sie in mundgerechte Stücke zu schneiden. Dieses farbenfrohe Gemüse ist in einem hübschen Glas verpackt und eignet sich hervorragend als Geschenk.

1 Tasse Weißweinessig

2 Tassen Wasser

2 Esslöffel Zucker

2 Teelöffel Salz

1 Lorbeerblatt

3 mittelgroße Karotten, längs geviertelt und in 1 1/2-Zoll-Längen geschnitten

2 zarte Sellerierippen, längs halbiert und in 1 1/2-Zoll-Längen geschnitten

1 rote Paprika, in 1-Zoll-Quadrate geschnitten

1 Tasse kleine Blumenkohlröschen

6 kleine Perlzwiebeln, geschält

2 Knoblauchzehen

1. In einem großen Topf Essig und Wasser zum Kochen bringen. Zucker, Salz und Lorbeerblatt hinzufügen und unter Rühren ca. 1 Minute kochen, bis sich Zucker und Salz aufgelöst haben.

2. Fügen Sie das Gemüse hinzu und bringen Sie die Flüssigkeit wieder zum Kochen. Etwa 5 Minuten kochen, bis das Gemüse zart und dennoch knusprig ist. Das Gemüse abtropfen lassen und die Flüssigkeit aufbewahren.

3. Das Gemüse auf zwei sterilisierte Pintgläser verteilen. Fügen Sie die Essigmischung hinzu. Abkühlen lassen, abdecken und 24 Stunden vor Gebrauch kühlen. Diese sind mindestens 2 Wochen im Kühlschrank haltbar.

Russischer Salat

Insalata Russa

Ergibt 8 Portionen

Ich weiß nicht, wie dieser bunte Salat in Italien so beliebt wurde, aber er ist allgegenwärtig für Abendbuffets oder als Antipasti. Ich serviere es auch gerne für ein Sommergericht mit kalten Garnelen, Hummer, pochiertem oder geräuchertem Fisch oder hart gekochten Eiern. Für eine Party sieht es gut aus, garniert mit Sardellenfilets, Zitronenscheiben, Tomaten oder Kräutern.

Variieren Sie das Gemüse je nach Jahreszeit. Blumenkohl, Brokkoli und Zucchini sind alle gut zu verwenden.

3 mittelkochende Kartoffeln, geschält und in 1/2-Zoll-Würfel geschnitten

Salz

8 Unzen grüne Bohnen, geschnitten und in 1/2-Zoll-Längen geschnitten

3 mittelgroße Karotten, geschnitten und in 1/2-Zoll-Würfel geschnitten

1 Tasse frische oder gefrorene Erbsen

2 Esslöffel natives Olivenöl extra

2 Esslöffel Weißweinessig

3 oder 4 saure Gurken, in 1/2-Zoll-Stücke geschnitten (ca. 1 Tasse)

2 Esslöffel Kapern, gespült und abgetropft

Frisch gemahlener Pfeffer

1 Tasse Mayonnaise

2 Esslöffel gehackte frische Petersilie

1. Legen Sie die Kartoffeln in einen Topf mit kaltem Wasser zum Abdecken und Salz nach Geschmack. Zum Kochen bringen und ca. 5 Minuten kochen lassen, bis sie weich sind. Unter fließendem Wasser abkühlen lassen. Ablassen.

2. Bringen Sie etwa 2 Liter Wasser in einem mittelgroßen Topf zum Kochen. Fügen Sie die grünen Bohnen, Karotten und Erbsen und Salz hinzu, um zu schmecken. Etwa 5 Minuten kochen lassen, bis sie weich sind. Unter fließendem Wasser abkühlen lassen. Ablassen.

3. In einer großen Schüssel Öl, Essig und Salz nach Geschmack verquirlen. Das Gemüse trocken tupfen. Das gesamte gekochte Gemüse, die Gurken und die Kapern zum Dressing geben und gut umrühren. Nach Belieben Pfeffer hinzufügen.

4. Mayonnaise einrühren. Würzen und Gewürze anpassen. Den Salat in eine Schüssel geben. Abdecken und mindestens 1 bis 4 Stunden vor dem Servieren kalt stellen. Mit Petersilie garnieren und sofort servieren.

Pilz-Parmigiano-Salat

Insalata di Funghi und Parmigiano

Ergibt 6 Portionen

Für einen ganzjährigen Salat ist dieser mit Pilzen, Sellerie und Karotten zubereiteten Salat unschlagbar. Weiße Pilze können verwendet werden, oder Sie können einen wilden Pilz wie Steinpilze ersetzen. In Bologna hatte ich diesen Salat mit Ovoli, schönen weißen und orangefarbenen Pilzen mit einer eiförmigen Kappe. Obwohl ich den Salat normalerweise mit Parmigiano-Reggiano überziehe, kann Grana Padano, ein milder Pecorino oder sogar ein nussiger Emmentaler verwendet werden.

Achten Sie darauf, das Gemüse hauchdünn zu schneiden. Verwenden Sie eine Küchenmaschine mit der schmalsten Schneidklinge oder einen Mandolinenschneider, um die besten Ergebnisse zu erzielen.

12 Unzen weiße Pilze, in hauchdünne Scheiben geschnitten

2 zarte Sellerierippen, hauchdünn geschnitten

2 mittelgroße Karotten, in hauchdünne Scheiben geschnitten

2/3 Tasse natives Olivenöl extra

2 bis 3 Esslöffel frischer Zitronensaft

Salz und frisch gemahlener schwarzer Pfeffer

Ein kleiner Keil von Parmigiano-Reggiano

1. Pilze, Sellerie und Karotten auf einer großen Platte zusammenwerfen.

2. Öl, Zitronensaft sowie Salz und Pfeffer nach Belieben verquirlen. Gießen Sie das Dressing über den Salat und werfen Sie gut. Würzen und Gewürze anpassen.

3. Rasieren Sie den Käse mit einem drehbaren Gemüseschäler über dem Salat. Sofort servieren.

Fenchel-Parmigiano-Salat

Insalata di Finocchio e Parmigiano

Ergibt 4 Portionen

Der milde Lakritzgeschmack des Fenchels, der Geruch der Zitrone und der frische Geschmack der Petersilie gleichen sich wunderbar in diesem Salat aus. Es wäre ein perfekter erster Gang für ein Fischgericht oder ein Abendessen vom Buffet. Der knusprige Fenchel hält gut, ohne zu welken. Verwenden Sie für wirklich dünn geschnittenen Fenchel einen Mandolinenschneider oder eine Küchenmaschine.

2 mittelgroße Fenchelknollen, beschnitten

2 Esslöffel gehackte frische Petersilie

3 Esslöffel Olivenöl

1 bis 2 Esslöffel frischer Zitronensaft

Ein kleiner Keil von Parmigiano-Reggiano

1. Den Fenchel der Länge nach halbieren und den Kern entfernen. Schneiden Sie die Hälften mit einem Mandolinenschneider oder einer Küchenmaschine mit schmalster Klinge quer in sehr dünne Scheiben.

2. In einer Schüssel den Fenchel mit Petersilie, Öl, Zitronensaft sowie Salz und Pfeffer abschmecken. Würzen und Gewürze anpassen. Den Salat auf 4 Teller stapeln.

3. Rasieren Sie den Parmigiano mit einem drehbaren Gemüseschäler in dünne Flocken und verteilen Sie sie auf dem Salat. Sofort servieren.

Fenchel-Oliven-Salat

Insalata di Finocchio e Oliva

Ergibt 4 Portionen

Große grüne Oliven werden in Sizilien in Salzlake gehärtet und haben einen säuerlichen, würzigen Geschmack und eine knusprige Textur. Damit die aushärtende Flüssigkeit schneller in das Olivenfleisch eindringen kann, werden die Oliven vom Hersteller häufig aufgebrochen. Die Gruben sind normalerweise leicht zu entfernen, aber bei Bedarf können die Oliven mit der Seite eines Messers leicht zerkleinert werden, so dass sie die Grube freigeben. Drücken Sie jedoch nicht zu fest, da sonst die Grube reißen kann.

Dies ist ein guter knuspriger Beilagensalat oder eine großartige Ergänzung zu einem Sandwich mit Käse oder Aufschnitt.

1 kleine rote Zwiebel, dünn geschnitten

8 Unzen sizilianische grüne Oliven

1 kleine Fenchelknolle, geschnitten, entkernt und in dünne Scheiben geschnitten

2 Esslöffel gehackte frische Petersilie

½ Teelöffel getrockneter Oregano

¼ Teelöffel zerkleinerter roter Pfeffer

¼ Tasse natives Olivenöl extra

2 Esslöffel Weißweinessig

1. Die Zwiebelscheiben 15 Minuten in einer mittelgroßen Schüssel mit Eiswasser einweichen. Zwiebel abtropfen lassen und trocken tupfen.

2. Um die Oliven zu graben, legen Sie sie auf ein Schneidebrett. Legen Sie ein großes Kochmesser auf die Seite einer Olive und schlagen Sie es fest, aber sanft mit dem Handballen. Die Olive sollte aufbrechen. Entfernen Sie die Grube. Wiederholen Sie mit den restlichen Oliven. Die entkernten Oliven in die Schüssel geben.

3. Fenchel, Petersilie, Oregano, Paprika, Öl und Essig in die Schüssel geben. Sehr gut werfen. Vor dem Servieren leicht abkühlen lassen.

Würziger Karottensalat

Insalata di Carote Piccante

Ergibt 4 bis 6 Portionen

Früher habe ich diesen Salat mit gekochten Karotten gemacht, aber ich mag auch das Dressing auf zerkleinerten rohen Karotten. Dies ist eine farbenfrohe Beilage zu einem Antipasti-Sortiment oder einer Frittata.

1 Pfund Karotten

3 Esslöffel natives Olivenöl extra

2 Esslöffel Weißweinessig

1 Knoblauchzehe, sehr fein gehackt

1 Teelöffel Zucker

Prise zerkleinerten roten Pfeffer

Salz und frisch gemahlener schwarzer Pfeffer

2 Esslöffel gehackte frische Minze oder Petersilie

1. Karotten schälen. In einer Küchenmaschine mit Zerkleinerungsklinge oder auf einer Kistenreibe die Karotten zerkleinern. Legen Sie sie in eine Schüssel.

2. In einer kleinen Schüssel Öl, Essig, Knoblauch, Zucker, zerkleinerten roten Pfeffer sowie Salz und Pfeffer nach Geschmack verquirlen. Schneebesen, bis sich der Zucker aufgelöst hat.

3. Gießen Sie das Dressing über den Salat und werfen Sie. Fügen Sie Minze hinzu und werfen Sie wieder. Sofort servieren oder bis zu einer Stunde kalt stellen.

Kartoffel-Brunnenkresse-Salat

Insalata di Patate e Crescione

Ergibt 4 Portionen

Meerrettich wird häufig in der Region Trentino-Südtirol in Norditalien verwendet. Dieses Rezept wurde mir vor einigen Jahren von einem Koch aus dieser Region gegeben. Das ungewöhnliche Dressing besteht aus Joghurt und Olivenöl, eine überraschend leckere Kombination. Es macht Sinn, wenn Sie darüber nachdenken. Das Öl wird mit einer säurereichen Zutat gemischt, obwohl hier anstelle des üblichen Essigs oder Zitronensafts der saure Geruch aus Joghurt stammt.

1 1/2 Pfund Yukon Gold oder andere wachsartige Kochkartoffeln

Salz

3/4 Tasse Joghurt ohne Geschmack

1/4 Tasse natives Olivenöl extra

2 Esslöffel geschälter und gehackter frischer Meerrettich oder abgetropfter Meerrettich in Flaschen

Frisch gemahlener schwarzer Pfeffer nach Geschmack

1 große Menge Brunnenkresse, zähe Stängel entfernt (ca. 4 Tassen)

1. Legen Sie die Kartoffeln in einen mittelgroßen Topf mit kaltem Wasser zum Abdecken und Salz nach Geschmack. Zum Kochen bringen und ca. 20 Minuten kochen, bis die Kartoffeln weich sind, wenn sie mit einem Messer durchbohrt werden. Abgießen und leicht abkühlen lassen. Schälen Sie die Kartoffeln und schneiden Sie sie in 1/4 Zoll dicke Scheiben.

2. In einer mittelgroßen Schüssel Joghurt, Öl, Meerrettich sowie Salz und Pfeffer nach Belieben verquirlen, bis sie glatt und gut vermischt sind.

3. Die Kartoffeln und die Brunnenkresse in die Schüssel geben und gut mischen. Würzen und Gewürze anpassen. Sofort servieren oder abdecken und bis zu 3 Stunden im Kühlschrank kalt stellen.

Artusis Kartoffelsalat

Insalata di Patate al'Artusi

Ergibt 6 bis 8 Portionen

Ich habe dieses Kartoffelsalatrezept aus Pellegrino Artusis klassischem italienischen Kochbuch Scienza in Cucina e l'Arte di Mangiar Bene (veröffentlicht in englischer Sprache als Science in the Kitchen und die Kunst des guten Essens) angepasst. Nur wenige Haushalte in Italien haben keine Kopie von L'Artusi, wie es bekannt ist, und seit dem ersten Druck im Jahr 1891 wurden Millionen verkauft.

2 Pfund Yukon Gold oder andere Wachskartoffeln

Salz

1/3 Tasse natives Olivenöl extra

3 Esslöffel Weißweinessig

1/2 Teelöffel getrockneter Oregano

Frisch gemahlener schwarzer Pfeffer

1 (2 Unzen) Dose Sardellenfilets, abgetropft und gehackt

1 kleine rote Paprika, gehackt

1 Tasse gehackter Sellerie

¼ Tasse gehackte rote Zwiebel

3 Esslöffel Kapern, abgetropft und gehackt

1. Legen Sie die Kartoffeln in einen mittelgroßen Topf und geben Sie kaltes Wasser zum Abdecken und Salz zum Abschmecken hinzu. Bei mittlerer Hitze zum Kochen bringen. Etwa 20 Minuten kochen, bis die Kartoffeln weich sind, wenn sie mit einem Messer durchbohrt werden. Abgießen und leicht abkühlen lassen. Kartoffeln schälen und in mundgerechte Stücke schneiden.

2. In einer großen Schüssel Olivenöl, Essig, Oregano sowie Salz und Pfeffer nach Belieben verquirlen. Fügen Sie die Kartoffeln, Sardellen, Paprika, Sellerie, Zwiebeln und Kapern hinzu. Vorsichtig umrühren. Würzen und Gewürze anpassen. Abdecken und 1 bis 3 Stunden vor dem Servieren kalt stellen.

Salat mit grünen Bohnen, Kartoffeln und roten Zwiebeln

Insalata di Fagiolini

Ergibt 4 Portionen

Meine Mutter machte diesen Salat oft als Sommeralternative zu einem Salat mit Blattgemüse. Es ist in ganz Süditalien beliebt. Frische Petersilie, Basilikum oder Minze können verwendet werden.

4 mittelkochende Kartoffeln

Salz

1 Pfund grüne Bohnen, geschnitten

1 kleine rote Zwiebel, gehackt

1/3 Tasse natives Olivenöl extra

3 Esslöffel Rotweinessig

2 Esslöffel gehacktes frisches Basilikum, Minze oder Petersilie oder 1/2 Teelöffel getrockneter Oregano

Frisch gemahlener schwarzer Pfeffer

1. Legen Sie die Kartoffeln in einen mittelgroßen Topf und geben Sie kaltes Wasser zum Abdecken und Salz zum Abschmecken hinzu. Abdecken und bei mittlerer Hitze zum Kochen bringen. Etwa 20 Minuten kochen, bis die Kartoffeln weich sind, wenn sie mit einem Messer durchbohrt werden. Gut abtropfen lassen. Leicht abkühlen lassen. Schälen Sie die Kartoffeln und schneiden Sie sie in 1/4-Zoll-Scheiben.

2. Einen weiteren großen Topf mit Wasser zum Kochen bringen. Fügen Sie die grünen Bohnen und das Salz hinzu, um zu schmecken. Kochen Sie die Bohnen, bis sie zart sind, ca. 8 Minuten. Die Bohnen abtropfen lassen und unter fließendem Wasser abkühlen lassen. Abtropfen lassen und trocken tupfen. Schneiden Sie die Bohnen in mundgerechte Stücke.

3. In einer großen Schüssel Öl, Essig, Kräuter sowie Salz und Pfeffer nach Geschmack verquirlen. Fügen Sie die Kartoffeln, Bohnen und Zwiebeln hinzu und werfen Sie gut. Würzen und Gewürze anpassen. Sofort servieren.

Salat aus grünen Bohnen, Sellerie und Oliven

Insalta di Fagioli, Sedano und Olive

Ergibt 6 Portionen

Dieser Salat wird mit der Zeit besser, daher ist es gut, ihn im Voraus für Picknicks oder andere Zusammenkünfte zuzubereiten. Nachdem es gekühlt wurde, lassen Sie es leicht auf Raumtemperatur erwärmen. Probieren Sie den Salat vor dem Servieren, da die Essig- und Salzaromen im Stand des Salats nachlassen. Es kann sein, dass vor dem Servieren ein Spritzer mehr Essig oder ein Spritzer Salz benötigt wird, um den Geschmack aufzuhellen, wie dies bei jedem marinierten Salat der Fall ist.

1 Pfund grüne Bohnen, geschnitten

Salz

¼ Tasse natives Olivenöl extra

2 Esslöffel Rotweinessig

1 kleine Knoblauchzehe, gehackt

Eine Prise zerquetschter roter Pfeffer

1 zarte Sellerie-Rippe, geschnitten und gehackt

½ Tasse entkernte grüne Oliven, gehackt

1. 2 Liter Wasser in einem großen Topf zum Kochen bringen. Fügen Sie die Bohnen und das Salz hinzu, um zu schmecken. Unbedeckt ca. 8 Minuten kochen, bis die Bohnen weich sind. Die Bohnen abtropfen lassen und unter kaltem fließendem Wasser abkühlen lassen. Die Bohnen trocken tupfen.

2. In einer großen Schüssel Öl, Essig, Salz nach Geschmack, Knoblauch und Paprika verquirlen. Fügen Sie die Bohnen hinzu und werfen Sie gut. Fügen Sie die restlichen Zutaten hinzu und rühren Sie, bis alles gut mit dem Dressing bedeckt ist. Würzen und Gewürze anpassen. Sofort servieren oder bis zu 3 Stunden im Kühlschrank kalt stellen.

Warmer Linsensalat

Insalata di Lenticchie

Ergibt 8 Portionen

Servieren Sie diesen erdigen Salat mit Cotechino oder einer anderen Wurst oder, für etwas ganz anderes, mit gegrilltem Lachs. Wenn Sie sie finden können, verwenden Sie die winzigen grünen Linsen aus Umbrien, die als Lenticchie di Castelluccio oder französische Le Puy-Linsen bekannt sind. Diese leckeren Linsensorten behalten ihre Form besser als die hier verkauften typischen braunen Linsen.

1 Pfund Linsen, gespült und abgeholt

2 ungeschälte Knoblauchzehen

3 Zweige frischer Thymian

1 Lorbeerblatt

Salz

⅓ Tasse natives Olivenöl extra

3 Esslöffel Rotweinessig

1 Teelöffel Dijon-Senf

Frisch gemahlener schwarzer Pfeffer

1 kleine rote Zwiebel, fein gehackt

¼ Tasse gehackte frische flache Petersilie

1. Legen Sie die Linsen in einen großen Topf mit kaltem Wasser, um 1 Zoll zu bedecken. Fügen Sie den Knoblauch und die Kräuter hinzu. Die Flüssigkeit zum Kochen bringen und 35 Minuten kochen lassen. Fügen Sie Salz hinzu, um zu schmecken, und kochen Sie, bis die Linsen zart sind, ungefähr 10 Minuten mehr.

2. Die Linsen abtropfen lassen und die Kräuter und den Knoblauch wegwerfen.

3. In einer kleinen Schüssel Öl, Essig, Senf sowie Salz und Pfeffer nach Geschmack verquirlen. Fügen Sie die Linsen, Zwiebeln und Petersilie hinzu. Gut mischen. Warm oder bei Raumtemperatur servieren.

Fava Bohnenpüree mit sieben Salaten

Fave con Sette Insalate

Ergibt 6 Portionen

Wenn geschälte, getrocknete Bohnen kochen, verlieren sie ihre Form und lassen sich leicht zu einer glatten Paste zerdrücken. Ein Lieblingsgericht in Süditalien sind zerdrückte Fava-Bohnen mit sautiertem Gemüse. Köche in Apulien gehen diese Idee weiter und übersteigen die Favoriten mit einer Kombination aus gekochtem, rohem und eingelegtem Gemüse. Da die Beläge kalt sind oder zumindest Raumtemperatur haben, werden sie Salate genannt. In der Regel werden sieben verschiedene Beläge verwendet, Sie können jedoch so wenige Beläge verwenden, wie Sie möchten. Dies macht eine feine Vorspeise oder fleischloses Hauptgericht.

8 Unzen getrocknete geschälte Fava Bohnen, gespült und abgetropft

Salz nach Geschmack

4 Esslöffel natives Olivenöl extra

1 Pfund frischer Spinat, Escarole oder Broccoli Rabe, geschnitten und in mundgerechte Stücke geschnitten

1 große reife Tomate, entkernt und gehackt

1 Tasse milde schwarze Oliven wie Gaeta, entkernt und grob gehackt

1 Tasse Rucola, harte Stiele entfernt

½ Tasse scharfe oder süße eingelegte Paprikaschoten, abgetropft und in Scheiben geschnitten

½ Tasse dünn geschnittene Gurken oder Radieschen

2 Frühlingszwiebeln, in dünne Scheiben geschnitten

1. Legen Sie die Bohnen in einen großen Topf mit frischem kaltem Wasser, um 1 Zoll und 1 Teelöffel Salz zu bedecken. Bringen Sie das Wasser zum Kochen und kochen Sie es bei schwacher Hitze, bis es sehr weich ist und die gesamte Flüssigkeit absorbiert ist (ca. 1 Stunde). Fügen Sie bei Bedarf etwas mehr Wasser hinzu, damit die Bohnen nicht austrocknen.

2. Legen Sie das Grün in einen großen Topf mit 1/4 Tasse Wasser bei mittlerer Hitze. Nach Belieben Salz hinzufügen. Abdecken und 5 Minuten kochen lassen oder bis sie welk und zart sind. Gut abtropfen lassen.

3. Im Topf die Bohnen glatt pürieren. Geschmack nach Salz. Öl einrühren.

4. Die Bohnen auf einer warmen Servierplatte verteilen. Mit etwas Olivenöl beträufeln. Legen Sie Stapel des Gemüses um den Rand. Sofort servieren.

Sommerreissalat

Insalata di Riso

Ergibt 4 Portionen

Wenn das Wetter warm ist, servieren die Italiener Salate mit Reis, anstatt Salate mit Nudeln zu servieren, die matschig werden können. Langkornreis wird verwendet, um die Körner im Salat getrennt zu halten. Der Reis härtet im Kühlschrank aus, daher ist es am besten, diesen Salat bei Raumtemperatur zu servieren.

Dieser Salat passt gut zu gegrilltem Schwertfisch oder Thunfisch oder zu Hühnchen oder Steak. Manchmal füge ich dem Salat eine Dose Thunfisch hinzu und serviere sie als ganze Mahlzeit.

1 1/2 Tassen Langkornreis

Salz

2 geröstete rote oder gelbe Paprika, gehackt

1 Tasse Kirsch- oder Traubentomaten, halbiert oder geviertelt, wenn groß

1 (2 Unzen) Dose Sardellen, abgetropft und gehackt

3/4 Tasse aromatische schwarze Oliven wie Gaeta, entkernt und gehackt

¼ Tasse gehacktes frisches Basilikum

1 Knoblauchzehe, sehr fein gehackt

¼ Tasse natives Olivenöl extra

2 bis 3 Esslöffel frischer Zitronensaft

1. In einem großen Topf bei mittlerer Hitze 3 1/2 Tassen Wasser zum Kochen bringen. Fügen Sie den Reis und das Salz hinzu, um zu schmecken. Wenn der Reis wieder kocht, reduzieren Sie die Hitze auf niedrig und decken Sie die Pfanne ab. Kochen, bis das Wasser absorbiert ist und der Reis zart ist, ca. 18 Minuten. Leicht abkühlen lassen.

2. In einer großen Schüssel Paprika, Tomaten, Sardellen, Oliven, Basilikum und Knoblauch vermischen. Gut werfen. Fügen Sie den Reis hinzu und werfen Sie erneut.

3. In einer kleinen Schüssel Öl und Zitronensaft verquirlen. Gießen Sie das Dressing über die Zutaten in der Schüssel. Würzen und Gewürze anpassen. Warm oder bei Raumtemperatur servieren.

"Knuspriger" Salat

Insalata Croccante

Ergibt 4 Portionen

Im Winter, wenn es an frischem Gemüse mangelt, mache ich gerne diesen leckeren Salat. Der Name sagt schon alles - es ist Croccante oder knusprig, mit Äpfeln, Nüssen und knusprigem Gemüse, das mit einem Hauch cremiger Gorgonzola geworfen wird. Es liegt an Ihnen, den Apfel zu schälen oder nicht zu schälen. Ich lasse sie normalerweise ungeschält, es sei denn, der Apfel ist gewachst.

3 bis 4 belgische Endivien, in Blätter getrennt

2 Esslöffel Olivenöl

1 bis 2 Esslöffel frischer Zitronensaft

Salz und frisch gemahlener schwarzer Pfeffer

1 mittlerer Apfel wie Gala, Fuji oder Braeburn, entkernt und in dünne Scheiben geschnitten

1 kleiner Fenchel, geschnitten und in dünne Scheiben geschnitten

2 Frühlingszwiebeln, in dünne Scheiben geschnitten

4 Unzen Gorgonzola, zerbröckelt

½ Tasse geröstete Walnüsse

1. Fächern Sie die Endivienblätter auf 4 Serviertellern auf.

2. In einer mittelgroßen Schüssel Öl, Zitronensaft sowie Salz und Pfeffer nach Geschmack verquirlen.

3. Fügen Sie den Apfel, den Fenchel und die Frühlingszwiebeln hinzu und werfen Sie sie gut um. Fügen Sie die Gorgonzola hinzu und werfen Sie sie erneut.

4. Schaufeln Sie die Salatmischung auf die Basis des Endiviens. Mit den Nüssen bestreuen und sofort servieren.

Birnen-Pecorino-Salat

Insalata di Pere und Pecorino

Ergibt 4 Portionen

Reife Birnen und Pecorino sind eine klassische Kombination, die oft nach einem Essen in Rom und der Toskana serviert wird. Dieser Salat erweitert das Konzept ein wenig um pfeffrige Brunnenkresse oder Rucola und ein einfaches Zitronendressing. Die süße, weiche Birne ist ein schöner Kontrapunkt zu salzigem Käse und pfeffrigem Grün. Ersetzen Sie die Birnen durch Äpfel, wenn Sie dies bevorzugen.

Etwa 6 Tassen Brunnenkresse oder Rucola, harte Stängel entfernt

2 bis 3 Teelöffel frischer Zitronensaft

3 Esslöffel natives Olivenöl extra

Salz und frisch gemahlener schwarzer Pfeffer

2 feste reife Birnen, dünn geschnitten

Kleiner Keil Pecorino Romano oder Parmigiano-Reggiano

1. Schneiden Sie die zähen Stängel von der Brunnenkresse oder dem Rucola ab und werfen Sie alle vergilbten oder gequetschten Blätter weg. Waschen Sie das Grün in mehreren Wechseln mit kaltem Wasser. Sehr gut trocknen. Zerreißen Sie das Grün in mundgerechte Stücke. Das Grün auf vier Salatteller verteilen.

2. In einer mittelgroßen Schüssel Zitronensaft, Öl sowie Salz und Pfeffer nach Belieben verquirlen. Fügen Sie die Birnen hinzu und werfen Sie sie vorsichtig mit dem Dressing.

3. Legen Sie die Birnen auf die Grüns. Rasieren Sie mit einem kleinen Gemüsemesser oder einem Gemüseschäler mit drehbarer Klinge dünne Flocken des Käses über jeden Salat. Sofort servieren.

Orangen-Fenchel-Salat

Insalata di Arancia e Finocchio

Ergibt 4 Portionen

Die Geschmackskombination in diesem beliebten sizilianischen Salat ist sensationell. Süße, saftige Orangen, knuspriger Fenchel und rote Zwiebeln, frische Minze und intensive schwarze Oliven schmecken nicht nur gut zusammen, sondern sehen auch gut aus.

2 große Nabelorangen, geschält, Mark entfernt und in kreuzweise Scheiben geschnitten

1 mittelgroße Fenchelknolle, sehr dünn geschnitten und in Scheiben geschnitten

½ rote Zwiebel, sehr dünn geschnitten

12 importierte schwarze Oliven, wie zum Beispiel ölgehärtet

3 Esslöffel natives Olivenöl extra

Salz nach Geschmack

2 Esslöffel gehackte frische Minze

Die Orangenscheiben abwechselnd mit dem Fenchel auf einer Platte anrichten. Zwiebel und schwarze Oliven darüber streuen. Mit Olivenöl und Salz beträufeln. Mit der Minze bestreuen. Sofort servieren.

Rüben-Orangen-Salat

Insalata di Barbabietole e Arancia

Ergibt 4 Portionen

Dies ist ein besonders hübscher Salat mit den kontrastierenden Farben von roten Rüben, Orangenscheiben und Minze. Um es substanzieller zu machen, servieren Sie es mit etwas Ziegenkäse oder zerbröckeltem Gorgonzola.

4 geröstete Rüben), geschält

2 Nabelorangen, geschält und in Scheiben geschnitten

2 Esslöffel natives Olivenöl extra

1 Teelöffel frischer Zitronensaft

Salz und frisch gemahlener schwarzer Pfeffer

2 Esslöffel gehackte frische Minze

1. Schneiden Sie die Rüben in 1/4-Zoll-Scheiben. Wechseln Sie die Rüben- und Orangenscheiben auf einer Platte ab.

2. Öl und Zitronensaft mit Salz und Pfeffer abschmecken. Gießen Sie das Dressing über die Rüben und Orangen. Die Minze darüber streuen. Sofort servieren.

Brotnudeln in Brühe

Passatelli in Brodo

Ergibt 6 Portionen

Passatelli *sind nudelartige Teigstränge aus trockenen Semmelbröseln und geriebenem Käse, die mit geschlagenen Eiern zusammengebunden sind. Der Teig wird durch eine Vorrichtung ähnlich einer Kartoffelpresse oder einer Lebensmittelmühle direkt in eine kochende Brühe geleitet. Einige Köche geben dem Teig etwas frisch geriebene Zitronenschale. Passatelli in Brühe war einst ein traditionelles Sonntagsgericht in der Emilia-Romagna, gefolgt von einem Braten.*

8 Tassen hausgemacht Fleischbrühe oder Hühnersuppe oder eine Mischung aus halb im Laden gekaufter Brühe und halb Wasser

3 große Eier

1 Tasse frisch geriebener Parmigiano-Reggiano plus mehr zum Servieren

2 Esslöffel sehr fein gehackte frische flache Petersilie

¼ Teelöffel geriebene Muskatnuss

Etwa ¾ Tasse einfache trockene Semmelbrösel

1. Bereiten Sie gegebenenfalls die Brühe vor. Dann in einer großen Schüssel die Eier schlagen, bis sie vermischt sind. Käse, Petersilie und Muskatnuss glatt rühren. Fügen Sie genügend Semmelbrösel hinzu, um eine glatte, dicke Paste zu bilden.

2. Wenn nicht frisch zubereitet, die Brühe in einem großen Topf zum Kochen bringen. Probieren Sie die Brühe und passen Sie die Gewürze gegebenenfalls an.

3. Stellen Sie eine mit der Klinge mit großen Löchern ausgestattete Lebensmittelmühle, eine Kartoffelpresse oder ein Sieb mit großen Löchern über den Topf. Schieben Sie die Käsemischung durch die Lebensmittelmühle oder das Sieb in die kochende Brühe. Bei schwacher Hitze 2 Minuten kochen lassen. Vom Herd nehmen und 2 Minuten vor dem Servieren stehen lassen. Heiß mit zusätzlichem Käse servieren.

Tiroler Brotknödel

Canederli

Ergibt 4 Portionen

Köche in Norditalien nahe der österreichischen Grenze stellen Brotknödel her, die sich von den in der Emilia Romagna hergestellten Passatelli-Knödeln völlig unterscheiden. Ähnlich wie beim österreichischen Knödel werden Canederli aus Vollkorn- oder Roggenbrot hergestellt, das mit Salame (eine getrocknete Wurst aus grob gemahlenem Schweinefleisch) oder Mortadella (eine delikate Wurst aus sehr fein gemahlenem Schweinefleisch mit Muskatnuss und oft ganzen Pistazien) gewürzt ist.. Sie werden in einer Flüssigkeit gekocht und dann in der Brühe serviert, obwohl sie auch gut zu Tomatensauce oder Buttersauce passen.

8 Tassen hausgemacht Fleischbrühe oder Hühnersuppe oder eine Mischung aus halb im Laden gekaufter Brühe und halb Wasser

4 Tassen ein Tag altes kernloses Roggenbrot oder Vollkornbrot

1 Tasse Milch

2 Esslöffel ungesalzene Butter

½ Tasse gehackte Zwiebel

3 Unzen Salame, Mortadella oder geräucherter Schinken, sehr fein gehackt

2 große Eier, geschlagen

2 Esslöffel gehackter frischer Schnittlauch oder frische Petersilie

Salz und frisch gemahlener schwarzer Pfeffer

Etwa 1 Tasse Allzweckmehl

1/2 Tasse frisch geriebener Parmigiano-Reggiano

1. Bereiten Sie gegebenenfalls die Brühe vor. Dann in einer großen Schüssel das Brot 30 Minuten unter gelegentlichem Rühren in der Milch einweichen. Das Brot sollte anfangen zu bröckeln.

2. In einer kleinen Pfanne die Butter bei mittlerer Hitze schmelzen. Fügen Sie die Zwiebel hinzu und kochen Sie sie unter häufigem Rühren etwa 10 Minuten lang, bis sie goldbraun ist.

3. Kratzen Sie den Inhalt der Pfanne auf das Brot. Fügen Sie das Fleisch, die Eier, den Schnittlauch oder die Petersilie sowie Salz und Pfeffer hinzu, um zu schmecken. Rühren Sie nach und nach genug Mehl ein, damit die Mischung gerade ihre Form behält. 10 Minuten stehen lassen.

4. Befeuchten Sie Ihre Hände mit kaltem Wasser. Nehmen Sie etwa 1/4 Tasse der Mischung auf und formen Sie sie zu einer Kugel.

Den Ball in Mehl rollen. Legen Sie den Knödel auf ein Stück Wachspapier. Wiederholen Sie mit der restlichen Mischung.

5. Einen großen Topf Wasser zum Kochen bringen. Reduzieren Sie die Hitze, damit das Wasser nur kocht. Lassen Sie die Hälfte der Knödel vorsichtig oder gerade so weit fallen, dass der Topf nicht überfüllt ist. 10 bis 15 Minuten kochen lassen oder bis die Knödel durchgegart sind. Übertragen Sie die Knödel mit einem geschlitzten Löffel auf einen Teller. Die restlichen Knödel auf die gleiche Weise kochen.

6. Wenn Sie bereit sind, die Suppe zu servieren, erhitzen Sie die Brühe zum Kochen. Fügen Sie die Knödel hinzu und kochen Sie sie vorsichtig 5 Minuten lang oder bis sie durchgeheizt sind. Die Knödel in der Brühe mit dem geriebenen Käse servieren.

Grüne Bohnen-Wurst-Suppe

Zuppa di Fagiolini

Ergibt 4 Portionen

Eines Sommers, als ich klein war, besuchte ich eine Großtante, die ein wunderbares altes viktorianisches Haus an der Küste von Long Island in New York hatte. Jeden Tag kochte sie aufwendige Mittag- und Abendessen für ihren Mann, der nicht weniger als drei Gänge zu erwarten schien. Dies war eine der Suppen, die sie zubereiten würde.

Ich verwende mittelkörnigen Reis für diese Suppe - die Art, die ich für Risotto verwende -, weil ich das normalerweise zu Hause habe, aber langkörniger Reis würde auch funktionieren.

2 Esslöffel Olivenöl

1 mittelgroße Zwiebel, gehackt

1 rote oder gelbe Paprika, gehackt

3 italienische Schweinswürste

2 große Tomaten, geschält, entkernt und gehackt, oder 1 Tasse Tomaten in Dosen, gehackt

8 Unzen grüne Bohnen, geschnitten und in mundgerechte Stücke geschnitten

Prise zerkleinerten roten Pfeffer

Salz

3 Tassen Wasser

1/4 Tasse mittelkörniger Reis wie Arborio

1. Gießen Sie das Öl in einen mittelgroßen Topf. Fügen Sie die Zwiebel, den Pfeffer und die Würste hinzu und kochen Sie sie unter gelegentlichem Rühren, bis das Gemüse zart und die Würste leicht gebräunt sind (ca. 10 Minuten).

2. Fügen Sie die Tomaten, grünen Bohnen, zerkleinerten roten Pfeffer und Salz hinzu, um zu schmecken. 3 Tassen kaltes Wasser hinzufügen und zum Kochen bringen. Reduzieren Sie die Hitze und kochen Sie 15 Minuten.

3. Übertragen Sie die Würste auf einen Teller. Die Würste in dünne Scheiben schneiden und wieder in den Topf geben.

4. Reis einrühren und weitere 15 bis 20 Minuten kochen, bis der Reis weich ist. Heiß servieren.

Escarole und kleine Fleischbällchensuppe

Zuppa di Scarola und Polpettini

Ergibt 6 bis 8 Portionen

Dies war meine Lieblingssuppe, als ich aufwuchs, obwohl wir sie nur an Feiertagen und zu besonderen Anlässen gegessen haben. Ich kann immer noch nicht widerstehen und mache es oft.

4 Liter hausgemacht Hühnersuppe oder eine Mischung aus halb im Laden gekaufter Brühe und halb Wasser

1 mittlerer Kopf Escarole (ca. 1 Pfund)

3 große Karotten, gehackt

Fleischklößchen

1 Pfund gemahlenes Kalbfleisch oder Rindfleisch

2 große Eier, geschlagen

1/2 Tasse sehr fein gehackte Zwiebel

1 Tasse einfache Semmelbrösel

1 Tasse frisch geriebener Pecorino Romano plus mehr zum Servieren

1 Teelöffel Salz

Frisch gemahlener schwarzer Pfeffer nach Geschmack

1. Bereiten Sie gegebenenfalls die Brühe vor. Schneiden Sie dann die Escarole ab und werfen Sie alle gequetschten Blätter weg. Schneiden Sie die Stielenden ab. Trennen Sie die Blätter und waschen Sie sie gut in kaltem Wasser, insbesondere in der Mitte der Blätter, wo sich Erde ansammelt. Stapeln Sie die Blätter und schneiden Sie sie kreuzweise in 1-Zoll-Streifen.

2. Kombinieren Sie in einem großen Topf die Brühe, Escarole und Karotten. Zum Kochen bringen und 30 Minuten kochen lassen.

3. In der Zwischenzeit die Frikadellen vorbereiten: Alle Frikadellen-Zutaten in einer großen Schüssel mischen. Formen Sie die Mischung mit Ihren Händen (oder einem kleinen Schaufelspender) zu winzigen Kugeln von etwa der Größe kleiner Trauben und legen Sie sie auf einen Teller oder ein Tablett.

4. Wenn das Gemüse fertig ist, lassen Sie die Fleischbällchen vorsichtig einzeln in die Suppe fallen. Bei schwacher Hitze ca. 20 Minuten kochen, bis die Fleischbällchen gar sind. Würzen und Gewürze anpassen. Heiß servieren, mit geriebenem Pecorino Romano bestreut.

"Verheiratete" Suppe

Minestra Maritata

Ergibt 10 bis 12 Portionen

Viele Leute nehmen an, dass diese neapolitanische Suppe ihren Namen durch das Servieren bei Hochzeitsbanketten erhielt, aber tatsächlich bezieht sich "verheiratet" auf die Hochzeit der Aromen der verschiedenen Fleisch- und Gemüsesorten, die die Hauptzutaten sind. Es ist ein sehr altes Rezept - zu einer Zeit ein Gericht, das die Leute täglich aßen und alle Fleisch- und Gemüsereste hinzufügten, die sie finden konnten. Heute gilt es als etwas altmodisch, obwohl ich mir an einem kalten Tag kein befriedigenderes Essen vorstellen kann.

Mangold, Chicorée, Grünkohl oder Kohl können anstelle des folgenden Gemüses verwendet werden. Probieren Sie Genua oder eine andere italienische Salami anstelle der Soppressata oder einen Schinkenknochen für den Schinkenknochen. Für den besten Geschmack machen Sie die Suppe einen Tag vor dem Servieren.

1 Pfund fleischige Schweinerippchen (Schweinerippchen im Landhausstil)

1 Schinkenknochen (optional)

2 mittelgroße Karotten, geschnitten

2 Sellerierippen mit Blättern

1 mittelgroße Zwiebel

1 Pfund Schweinswurst nach italienischer Art

1 dicke Scheibe importierter italienischer Schinken (ca. 4 Unzen)

1 4-Unzen-Stück Soppressata

Prise zerkleinerten roten Pfeffer

1 1/2 Pfund (1 kleiner Kopf) Escarole, getrimmt

1 Pfund (1 mittelgroßes Bündel) Broccoli Rabe, getrimmt

1 Pfund (etwa die Hälfte eines kleinen Kopfes) Wirsing, in Streifen geschnitten

8 Unzen Brokkoli, in Röschen geschnitten (ca. 2 Tassen)

Frisch geriebener Parmigiano-Reggiano

1. In einem großen Topf 5 Liter Wasser zum Kochen bringen. Fügen Sie die Schweinerippchen, Schinkenknochen, Karotten, Sellerie und Zwiebeln hinzu. Die Hitze auf köcheln lassen und 30 Minuten bei mittlerer Hitze kochen.

2. Den Schaum abschöpfen, der an die Oberfläche steigt. Fügen Sie die Wurst, den Schinken, die Soppressata und den zerkleinerten roten Pfeffer hinzu. 2 Stunden kochen, bis die Schweinerippchen weich sind.

3. In der Zwischenzeit das gesamte Gemüse waschen und abschneiden. Einen großen Topf Wasser zum Kochen bringen. Fügen Sie die Hälfte der Grüns hinzu. Zum Kochen bringen und 10 Minuten kochen lassen. Übertragen Sie das Grün mit einem geschlitzten Löffel in ein Sieb über einer großen Schüssel. Die restlichen Grüns auf die gleiche Weise kochen. Gut abtropfen lassen und abkühlen lassen. Nach dem Abkühlen das Gemüse in mundgerechte Stücke schneiden.

4. Entfernen Sie nach 2 Stunden Garzeit das Fleisch und die Wurst aus der Brühe. Die Knochen wegwerfen und Fleisch und Wurst in mundgerechte Stücke schneiden.

5. Lassen Sie die Brühe etwas abkühlen. Das Fett aus der Brühe abschöpfen. Die Brühe durch ein feinmaschiges Sieb in einen großen, sauberen Topf abseihen. Geben Sie das Fleisch in die Brühe zurück. Fügen Sie die Grüns hinzu. Zum Kochen bringen und 30 Minuten kochen lassen.

6. Heiß servieren, mit geriebenem Parmigiano-Reggiano bestreut.

Toskanische Fischsuppe

Cacciucco

Ergibt 6 Portionen

Je mehr Fischsorten Sie für diese toskanische Spezialität in den Topf geben, desto besser schmeckt die Suppe.

¼ Tasse Olivenöl

1 mittelgroße Zwiebel

1 Sellerierippe, gehackt

1 Karotte, gehackt

1 Knoblauchzehe, gehackt

2 Esslöffel gehackte frische Petersilie

Prise zerkleinerten roten Pfeffer

1 Lorbeerblatt

1 lebender Hummer (1 bis 2 Pfund)

2 ganze Fische (jeweils ca. 11/2 Pfund) wie Porgy, gestrippter Bass, Red Snapper oder Wolfsbarsch, gereinigt und in Stücke geschnitten (Köpfe entfernen und aufbewahren)

1/2 Tasse trockener Weißwein

1 Pfund Tomaten, geschält, entkernt und gehackt

1 Pfund Calamari (Tintenfisch), gereinigt und in 1-Zoll-Ringe geschnitten

Scheiben italienisches Brot, geröstet

1. Gießen Sie das Öl in einen großen Topf. Zwiebel, Sellerie, Karotte, Knoblauch, Petersilie, Pfeffer und Lorbeerblatt hinzufügen. Bei mittlerer Hitze unter häufigem Rühren etwa 10 Minuten kochen, bis das Gemüse zart und goldbraun ist.

2. Legen Sie den Hummer mit dem Hohlraum nach oben auf ein Schneidebrett. Entfernen Sie nicht die Bänder, die die Krallen geschlossen halten. Schützen Sie Ihre Hand mit einem schweren Handtuch oder Topflappen und halten Sie den Hummer über den Schwanz. Stecken Sie die Spitze eines schweren Kochmessers in den Körper, wo sich der Schwanz mit der Brust verbindet. Entfernen Sie mit einer Geflügelschere die dünne Schale, die das Schwanzfleisch bedeckt. Entfernen Sie die dunkle Vene im Schwanz, aber lassen Sie die grüne Tomalley und die

rote Koralle, falls vorhanden. Legen Sie den Schwanz beiseite. Schneiden Sie den Hummerkörper und die Krallen an den Gelenken in 1 bis 2 Zoll große Stücke. Schlagen Sie mit der stumpfen Seite des Messers auf die Krallen, um sie zu knacken.

3. Die Hummerbrusthöhle und die reservierten Fischköpfe und Zutaten in den Topf geben. 10 Minuten kochen. Den Wein dazugeben und 2 Minuten köcheln lassen. Tomaten und 4 Tassen Wasser einrühren. Zum Kochen bringen und 30 Minuten kochen lassen.

4. Entfernen Sie mit einem geschlitzten Löffel die Hummerhöhle, die Fischköpfe und das Lorbeerblatt aus dem Topf und werfen Sie sie weg. Die restlichen Zutaten durch eine Lebensmittelmühle in eine große Schüssel geben.

5. Den Topf ausspülen und die Suppe einfüllen. Bringen Sie die Flüssigkeit zum Kochen. Fügen Sie die Meeresfrüchte hinzu, die am längsten gekocht werden müssen, z. B. die Calamari. Kochen Sie bis fast zart, ungefähr 20 Minuten. Hummerschwanz, Krallen und Fischstücke einrühren. Kochen, bis der Hummer und der Fisch innen undurchsichtig sind, weitere 10 Minuten.

6. Legen Sie geröstete Brotscheiben in jede Suppenschüssel. Die Suppe über das Brot schöpfen und heiß servieren.

Chunky Fischsuppe

Ciuppin

Ergibt 6 Portionen

Sie können eine Fischart oder mehrere Sorten für diese Suppe verwenden. Für einen garlicky Geschmack die gerösteten Brotscheiben mit einer rohen Knoblauchzehe einreiben, bevor die Suppe in die Schalen gegeben wird. Seeleute aus Genua führten diese klassische Suppe in San Francisco ein, wo sich viele von ihnen niederließen. San Franciscans nennen ihre Version Cioppino.

2 1/2 Pfund verschiedene feste weißfleischige Fischfilets wie Heilbutt, Wolfsbarsch oder Mahi Mahi

1/4 Tasse Olivenöl

1 mittelgroße Karotte, fein gehackt

1 zarte Sellerierippe, fein gehackt

1 mittelgroße Zwiebel, gehackt

2 Knoblauchzehen, fein gehackt

1 Tasse trockener Weißwein

1 Tasse geschälte, entkernte und gehackte frische Tomaten oder Tomatenkonserven

Salz und frisch gemahlener schwarzer Pfeffer

2 Esslöffel gehackte frische Petersilie

6 Scheiben italienisches oder französisches Brot, geröstet

1. Spülen Sie die Fischstücke und tupfen Sie sie trocken. Schneiden Sie den Fisch in 2-Zoll-Stücke und werfen Sie alle Knochen weg.

2. Gießen Sie das Öl in einen großen Topf. Fügen Sie die Karotte, den Sellerie, die Zwiebel und den Knoblauch hinzu. Bei häufigem Rühren bei mittlerer Hitze ca. 10 Minuten kochen, bis sie zart und goldbraun sind. Fügen Sie den Fisch hinzu und kochen Sie, wobei Sie die Stücke gelegentlich umrühren, weitere 10 Minuten.

3. Wein einfüllen und zum Kochen bringen. Fügen Sie die Tomaten und das Salz und den Pfeffer hinzu, um zu schmecken. Fügen Sie kaltes Wasser hinzu, um zu bedecken. Zum Kochen bringen und 20 Minuten kochen lassen.

4. Petersilie einrühren. Legen Sie eine Scheibe Toast in jede Suppenschüssel. Die Suppe über das Brot schöpfen und heiß servieren.

Meeresfrüchte, Pasta und Bohnensuppe

Pasta e Fagioli ai Frutti di Mare

Ergibt 4 bis 6 Portionen

Suppen, die Nudeln und Bohnen mit Meeresfrüchten kombinieren, sind in ganz Süditalien beliebt. Dies ist meine Version von einer, die ich im Alberto Ciarla, einem berühmten Fischrestaurant in Rom, probiert habe.

1 Pfund kleine Muscheln

1 Pfund kleine Muscheln

2 Esslöffel Olivenöl

2 Unzen Pancetta, fein gehackt

1 mittelgroße Zwiebel, fein gehackt

2 Knoblauchzehen, fein gehackt

3 Tassen abgetropfte gekochte getrocknete oder konservierte Cannellini-Bohnen abtropfen lassen

1 Tasse gehackte Tomaten

1/2 Pfund Calamari (Tintenfisch), in 1-Zoll-Ringe geschnitten

Salz und frisch gemahlener schwarzer Pfeffer

8 Unzen Spaghetti, in 1-Zoll-Stücke gebrochen

2 Esslöffel gehackte frische Petersilie

Natives Olivenöl extra

1. Legen Sie die Muscheln in kaltes Wasser, um sie 30 Minuten lang zu bedecken. Schrubben Sie sie mit einer steifen Bürste und kratzen Sie Seepocken oder Seetang ab. Entfernen Sie die Bärte, indem Sie sie zum schmalen Ende der Muscheln ziehen. Entsorgen Sie alle Muscheln mit rissigen Muscheln oder solchen, die beim Klopfen nicht fest schließen. Legen Sie die Muscheln in einen großen Topf mit 1/2 Tasse kaltem Wasser. Decken Sie den Topf ab und bringen Sie ihn zum Kochen. Kochen, bis sich die Muscheln öffnen, ca. 5 Minuten. Übertragen Sie die Muscheln mit einem geschlitzten Löffel in eine Schüssel.

2. Legen Sie die Muscheln in den Topf und decken Sie die Pfanne ab. Kochen, bis sich die Muscheln öffnen, ca. 5 Minuten. Entfernen Sie die Muscheln aus dem Topf. Die Flüssigkeit in der Kanne durch einen Papierkaffeefilter in eine Schüssel abseihen und aufbewahren.

3. Entfernen Sie mit Ihren Fingern die Muscheln und Muscheln aus den Schalen und legen Sie sie in eine Schüssel.

4. Gießen Sie das Öl in einen großen Topf. Fügen Sie die Pancetta, Zwiebel und Knoblauch hinzu. Bei häufigem Rühren bei mittlerer Hitze ca. 10 Minuten kochen, bis sie zart und goldbraun sind.

5. Fügen Sie die Bohnen, Tomaten und Calamari hinzu. Fügen Sie die reservierten Säfte aus den Schalentieren hinzu. Zum Kochen bringen und 20 Minuten kochen lassen.

6. Rühren Sie die Meeresfrüchte ein und kochen Sie sie ca. 5 Minuten lang, bis sie gerade durchgekocht sind.

7. In der Zwischenzeit einen großen Topf Wasser zum Kochen bringen. Fügen Sie die Nudeln und das Salz hinzu, um zu schmecken. Bis zart kochen. Die Nudeln abtropfen lassen und in die Suppe geben. Fügen Sie etwas Nudelflüssigkeit hinzu, wenn die Suppe zu dick erscheint.

8. Petersilie einrühren. Heiß servieren, mit nativem Olivenöl extra beträufelt.

Muscheln und Muscheln in Tomatenbrühe

Zuppa di Cozze

Ergibt 4 Portionen

Sie können dies mit allen Muscheln oder Muscheln machen, wenn Sie möchten.

2 Pfund Muscheln

¼ Tasse Olivenöl

4 Knoblauchzehen, sehr fein gehackt

2 Esslöffel gehackte frische Petersilie

Prise zerkleinerten roten Pfeffer.

1 Tasse trockener Weißwein

3 Pfund reife Tomaten, geschält, entkernt und gehackt oder 2 (28 bis 35 Unzen) Dosen importierte italienische geschälte Tomaten, gehackt

Salz

2 Pfund kleine Muscheln

8 Scheiben italienisches oder französisches Brot, geröstet

1 ganze Knoblauchzehe

1. Legen Sie die Muscheln in kaltes Wasser, um sie 30 Minuten lang zu bedecken. Schrubben Sie sie mit einer steifen Bürste und kratzen Sie Seepocken oder Seetang ab. Entfernen Sie die Bärte, indem Sie sie zum schmalen Ende der Muscheln ziehen. Entsorgen Sie alle Muscheln mit rissigen Muscheln oder solchen, die beim Klopfen nicht fest schließen.

2. In einem großen Topf das Öl bei mittlerer Hitze erhitzen. Fügen Sie den gehackten Knoblauch, die Petersilie und den zerkleinerten roten Pfeffer hinzu und kochen Sie ihn bei schwacher Hitze etwa 2 Minuten lang, bis der Knoblauch golden ist. Wein einrühren und zum Kochen bringen. Fügen Sie die Tomaten und eine Prise Salz hinzu. Bei mittlerer Hitze unter gelegentlichem Rühren etwa 20 Minuten kochen, bis sie leicht eingedickt sind.

3. Muscheln und Muscheln vorsichtig unterrühren. Decken Sie den Topf ab. 5 bis 10 Minuten kochen, bis sich die Muscheln und Muscheln öffnen. Entsorgen Sie alle nicht geöffneten.

4. Den Toast mit der geschnittenen Knoblauchzehe einreiben. Legen Sie ein Stück Brot in jede Suppenschüssel. Top mit den Muscheln und Muscheln und ihrer Flüssigkeit. Heiß servieren.

zur Verwendung mit anderen Lebensmitteln.

Marinara-Sauce

Salsa Marinara

Macht 2 1/2 Tassen

Knoblauch verleiht dieser schnell kochenden Sauce nach süditalienischer Art ihren charakteristischen Geschmack. Neapolitaner zerdrücken die Nelken leicht mit der Seite eines großen Messers. Dies erleichtert das Entfernen der Haut und öffnet die Nelken, um ihren Geschmack freizusetzen. Entfernen Sie vor dem Servieren ganze Knoblauchzehen.

Ich füge das Basilikum am Ende der Garzeit hinzu, um den frischesten Geschmack zu erzielen. Getrocknetes Basilikum ist ein schlechter Ersatz für frische Petersilie oder Minze. Diese Sauce ist ideal für Spaghetti oder andere getrocknete Nudeln.

1/4 Tasse Olivenöl

2 große Knoblauchzehen, zerkleinert

Prise zerkleinerten roten Pfeffer

3 Pfund frische Pflaumentomaten, geschält, entkernt und gehackt, oder 1 (28 Unzen) können italienische geschälte Tomaten mit ihrem Saft importieren, die durch eine Lebensmittelmühle geleitet werden

Salz nach Geschmack

4 frische Basilikumblätter, in Stücke gerissen

1. Gießen Sie das Öl in einen mittelgroßen Topf. Fügen Sie den Knoblauch und den roten Pfeffer hinzu. Bei mittlerer Hitze kochen und den Knoblauch ein- oder zweimal wenden, bis er goldbraun ist (ca. 5 Minuten). Den Knoblauch aus der Pfanne nehmen.

2. Fügen Sie die Tomaten und das Salz hinzu, um zu schmecken. 20 Minuten unter gelegentlichem Rühren kochen oder bis die Sauce eingedickt ist.

3. Schalten Sie die Heizung aus und rühren Sie das Basilikum ein. Heiß servieren. Kann im Voraus hergestellt und in einem dicht verschlossenen Behälter bis zu 5 Tage im Kühlschrank oder bis zu 2 Monate im Gefrierschrank aufbewahrt werden.

frische Tomatensoße

Salsa Leggero

Macht 3 Tassen

Diese Sauce ist ungewöhnlich, da sie nicht mit der üblichen Zwiebel oder dem Knoblauch beginnt, die in Olivenöl oder Butter gekocht werden. Stattdessen werden die Aromen zusammen mit den Tomaten gekocht, damit die Sauce einen delikaten Gemüsegeschmack hat. Servieren Sie es mit einer der frischen Nudeln oder als Sauce für eine Frittata oder ein anderes Omelett.

4 Pfund reife Pflaumentomaten, geschält, entkernt und gehackt

1 mittelgroße Karotte, gehackt

1 mittelgroße Zwiebel, gehackt

1 kleine Sellerierippe, gehackt

Salz nach Geschmack

6 frische Basilikumblätter, in kleine Stücke zerrissen

¼ Tasse natives Olivenöl extra

1. Kombinieren Sie in einem großen, schweren Topf die Tomaten, Karotten, Zwiebeln, Sellerie, eine Prise Salz und Basilikum. Decken Sie den Topf ab und kochen Sie ihn bei mittlerer Hitze, bis die Mischung kocht. Decken Sie es ab und kochen Sie es unter gelegentlichem Rühren 20 Minuten lang oder bis die Sauce eingedickt ist.

2. Leicht abkühlen lassen. Führen Sie die Sauce durch eine Lebensmittelmühle oder pürieren Sie sie in einer Küchenmaschine oder einem Mixer. Vorsichtig aufwärmen und zum Würzen abschmecken. Öl einrühren. Heiß servieren. Kann im Voraus hergestellt und in einem dicht verschlossenen Behälter bis zu 5 Tage im Kühlschrank oder bis zu 2 Monate im Gefrierschrank aufbewahrt werden.

Tomatensauce nach sizilianischer Art

Salsa di Pomodoro alla Siciliana

Macht etwa 3 Tassen

Ich habe gesehen, wie Anna Tasca Lanza, die eine Kochschule im Regaleali-Weingut ihrer Familie in Sizilien hat, auf diese Weise Tomatensauce hergestellt hat. Alles geht in den Topf, und wenn es lange genug gekocht hat, wird die Sauce in einer Lebensmittelmühle püriert, um die Tomatensamen zu entfernen. Butter und Olivenöl, die am Ende der Garzeit hinzugefügt werden, bereichern und süßen die Sauce. Mit Kartoffelgnocchi oder frischer Fettuccine servieren.

3 Pfund reife Tomaten

1 mittelgroße Zwiebel, dünn geschnitten

1 Knoblauchzehe, fein gehackt

2 Esslöffel gehacktes frisches Basilikum

Prise zerkleinerten roten Pfeffer

¼ Tasse Olivenöl

1 Esslöffel ungesalzene Butter

1. Wenn Sie die Tomaten mit einer Lebensmittelmühle pürieren, schneiden Sie sie der Länge nach in Viertel und fahren Sie mit Schritt 2 fort. Wenn Sie eine Küchenmaschine oder einen Mixer verwenden, schälen Sie zuerst die Tomaten: Bringen Sie einen mittelgroßen Topf Wasser zum Kochen. Fügen Sie die Tomaten einige nach dem anderen hinzu und kochen Sie 1 Minute. Entfernen Sie sie mit einem geschlitzten Löffel und legen Sie sie in eine Schüssel mit kaltem Wasser. Wiederholen Sie mit den restlichen Tomaten. Die Tomaten schälen, entkernen und die Samen herauskratzen.

2. Kombinieren Sie in einem großen Topf die Tomaten, Zwiebeln, Knoblauch, Basilikum und zerkleinerten roten Pfeffer. Abdecken und zum Kochen bringen. Bei schwacher Hitze 20 Minuten kochen lassen oder bis die Zwiebel weich ist. Leicht abkühlen lassen.

3. Führen Sie die Mischung bei Bedarf durch eine Lebensmittelmühle oder pürieren Sie sie in einem Mixer oder einer Küchenmaschine. Das Püree wieder in den Topf geben. Fügen Sie das Basilikum, den roten Pfeffer und das Salz hinzu, um zu schmecken.

4. Die Sauce kurz vor dem Servieren erneut erhitzen. Vom Herd nehmen und Olivenöl und Butter einrühren. Heiß servieren.

Kann im Voraus hergestellt und in einem dicht verschlossenen Behälter bis zu 5 Tage im Kühlschrank oder bis zu 2 Monate im Gefrierschrank aufbewahrt werden.

Tomatensauce nach toskanischer Art

Salsa di Pomodoro alla Toscana

Macht 3 Tassen

Ein Soffritto ist eine Mischung aus gehacktem aromatischem Gemüse, normalerweise Zwiebeln, Karotten und Sellerie, das in Butter oder Öl zart und leicht golden gekocht wird. Es ist die Aromabasis für viele Saucen, Suppen und Schmorgerichte und eine wesentliche Technik in der italienischen Küche. Viele italienische Köche geben alle Soffritto-Zutaten zusammen in eine kalte Pfanne und schalten dann die Heizung ein. Auf diese Weise kochen alle Zutaten schonend und nichts wird zu braun oder verkocht. Bei der alternativen Methode, zuerst das Öl zu erhitzen und dann die gehackten Zutaten hinzuzufügen, besteht die Gefahr, dass das Öl überhitzt. Gemüse kann bräunen und verkocht und bitter werden. Diese Tomatensauce nach toskanischer Art beginnt mit einem Soffritto des üblichen Gemüses plus mit Olivenöl gekochtem Knoblauch.

4 Esslöffel Olivenöl

1 mittelgroße Zwiebel, fein gehackt

1/2 Tasse gehackte Karotte

¼ Tasse gehackter Sellerie

1 kleine Knoblauchzehe, gehackt

3 Pfund frische reife Pflaumentomaten, geschält, entkernt und fein gehackt, oder 1 (28 Unzen) können italienische geschälte Tomaten mit ihrem Saft importieren, die durch eine Lebensmittelmühle geleitet werden

½ Tasse Hühnerbrühe

Prise zerkleinerten roten Pfeffer

Salz

2 oder 3 Basilikumblätter, zerrissen

1. Gießen Sie das Öl in einen mittelgroßen Topf. Fügen Sie die Zwiebel, Karotte, Sellerie und Knoblauch hinzu. Bei mittlerer Hitze unter gelegentlichem Rühren etwa 15 Minuten kochen, bis das Gemüse zart und goldbraun ist.

2. Tomaten, Brühe, Paprika und Salz nach Geschmack einrühren. Zum Kochen bringen. Decken Sie die Pfanne teilweise ab und kochen Sie sie bei schwacher Hitze unter gelegentlichem Rühren etwa 30 Minuten lang, bis sie eingedickt ist.

3. Basilikum einrühren. Heiß servieren. Kann im Voraus hergestellt und in einem dicht verschlossenen Behälter bis zu 5

Tage im Kühlschrank oder bis zu 2 Monate im Gefrierschrank aufbewahrt werden.

Pizzaiola-Sauce

Salsa Pizzaiola

Macht etwa 2 1/2 Tassen

Neapolitaner verwenden diese leckere Sauce, um kleine Steaks oder Koteletts zu kochen (siehe [Fleisch](#)), oder sie servieren es über Spaghetti. Es wird jedoch normalerweise nicht für Pizza verwendet, da die extreme Hitze von holzbefeuerten neapolitanischen Pizzaöfen eine bereits gekochte Sauce verkochen würde. Es hat seinen Namen von Tomaten, Knoblauch und Oregano - den gleichen Zutaten, die ein Pizzamaker normalerweise für Pizza verwendet.

Den Knoblauch hacken, bis er sehr fein ist, damit keine großen Stücke in der Sauce sind.

2 große Knoblauchzehen, sehr fein gehackt

1/4 Tasse Olivenöl

Prise zerkleinerten roten Pfeffer

1 (28 Unzen) Dose importierte italienische geschälte Tomaten mit ihrem Saft, gehackt

1 Teelöffel getrockneter Oregano, zerbröckelt

Salz

1. In einer großen Pfanne den Knoblauch bei mittlerer Hitze etwa 2 Minuten lang im Öl goldbraun kochen. Den zerkleinerten roten Pfeffer einrühren.

2. Fügen Sie die Tomaten, Oregano und Salz hinzu, um zu schmecken. Die Sauce zum Kochen bringen. Kochen Sie unter gelegentlichem Rühren 20 Minuten oder bis die Sauce eingedickt ist. Heiß servieren. Kann im Voraus hergestellt und in einem dicht verschlossenen Behälter bis zu 5 Tage im Kühlschrank oder bis zu 2 Monate im Gefrierschrank aufbewahrt werden.

"Gefälschte" Fleischsauce

Sugo Finto

Macht etwa 6 Tassen

Sugo Finto bedeutet "falsche Sauce", ein seltsamer Name für eine so köstliche, nützliche Sauce, die laut meinem Freund Lars Leicht in Mittelitalien häufig verwendet wird. Dieses Rezept stammt von seiner Tante, die außerhalb Roms lebt. Es ist so voller Geschmack, dass man sich täuschen könnte, es sei Fleisch darin. Die Sauce ist perfekt für Zeiten, in denen Sie etwas Komplexeres als eine einfache Tomatensauce möchten, aber kein Fleisch hinzufügen möchten. Dieses Rezept macht viel, aber es kann leicht halbiert werden, wenn Sie es vorziehen.

1/4 Tasse Olivenöl

1 mittelgroße gelbe Zwiebel, fein gehackt

2 kleine Karotten, geschält und fein gehackt

2 Knoblauchzehen, fein gehackt

4 frische Basilikumblätter, gehackt

1 kleiner getrockneter Chili-Pfeffer, zerkleinert oder eine Prise zerkleinerter roter Pfeffer

1 Tasse trockener Weißwein

2 Dosen (je 28 bis 35 Unzen) importierten italienische geschälte Tomaten mit ihrem Saft oder 6 Pfund frischen Pflaumentomaten, geschält, entkernt und gehackt

1. In einem großen Topf Öl, Zwiebel, Karotten, Knoblauch, Basilikum und Chili vermischen. Bei mittlerer Hitze unter gelegentlichem Rühren etwa 10 Minuten kochen, bis das Gemüse zart und goldbraun ist.

2. Den Wein dazugeben und zum Kochen bringen. 1 Minute kochen.

3. Geben Sie die Tomaten durch eine Lebensmittelmühle in den Topf oder pürieren Sie sie in einem Mixer oder einer Küchenmaschine. Zum Kochen bringen und die Hitze auf niedrig stellen. Mit Salz abschmecken. Unter gelegentlichem Rühren 30 Minuten kochen lassen oder bis die Sauce eingedickt ist. Heiß servieren. Kann im Voraus hergestellt und in einem dicht verschlossenen Behälter bis zu 5 Tage im Kühlschrank oder bis zu 2 Monate im Gefrierschrank aufbewahrt werden.

Rosa Sauce

Salsa di Pomodoro alla Panna

Macht etwa 3 Tassen

Schwere Sahne glättet diese schöne rosa Sauce. Mit Ravioli oder grünen Gnocchi servieren.

¼ Tasse ungesalzene Butter

¼ Tasse gehackte frische Schalotten

3 Pfund frische Tomaten, geschält, entkernt und gehackt, oder 1 (28 Unzen) können italienische geschälte Tomaten mit ihrem Saft importieren

Salz und frisch gemahlener schwarzer Pfeffer

½ Tasse Sahne

1. In einem großen Topf die Butter bei mittlerer Hitze schmelzen. Fügen Sie die Schalotten hinzu und kochen Sie sie ca. 3 Minuten lang goldbraun. Fügen Sie die Tomaten und Salz und Pfeffer hinzu und kochen Sie unter Rühren, bis die Sauce zum Kochen kommt. Wenn Sie Tomatenkonserven verwenden, hacken Sie diese mit einem Löffel. Unter gelegentlichem Rühren etwa 20

Minuten kochen, bis die Sauce leicht eingedickt ist. Leicht abkühlen lassen.

2. Führen Sie die Tomatenmischung durch eine Lebensmittelmühle. Die Sauce wieder in den Topf geben und bei mittlerer Hitze erhitzen. Fügen Sie die Sahne hinzu und kochen Sie 1 Minute oder bis sie leicht eingedickt ist. Heiß servieren.

Tomatensauce mit Zwiebeln

Salsa di Pomodoro mit Cipolla

Macht 2 1/2 Tassen

Der natürliche Zucker in der Zwiebel ergänzt die Süße der Butter in dieser Sauce. Diese Sauce eignet sich auch gut für Schalotten anstelle der Zwiebel.

3 Esslöffel ungesalzene Butter

1 Esslöffel Olivenöl

1 kleine Zwiebel, sehr fein gehackt

3 Pfund Pflaumentomaten, geschält, entkernt und gehackt, oder 1 (28 Unzen) können italienische geschälte Tomaten mit ihrem Saft importieren, die durch eine Lebensmittelmühle geleitet werden

Salz und frisch gemahlener schwarzer Pfeffer nach Geschmack

1. In einem mittelschweren Topf die Butter bei mittlerer Hitze mit dem Öl schmelzen. Fügen Sie die Zwiebel hinzu und kochen Sie sie unter ein- oder zweimaligem Rühren etwa 7 Minuten lang, bis die Zwiebel zart und golden ist.

2. Fügen Sie die Tomaten und Salz und Pfeffer hinzu. Bringen Sie die Sauce zum Kochen und kochen Sie sie 20 Minuten lang oder bis sie eingedickt ist.

geröstete Tomatensauce

Salsa di Pomodoro Arrostito

Reicht für 1 Pfund Nudeln

Auf diese Weise können auch nicht perfekte frische Tomaten gekocht werden. Sie können nur eine Tomatensorte oder mehrere Sorten verwenden. Eine Kombination aus roten und gelben Tomaten ist besonders schön. Basilikum oder Petersilie sind die offensichtliche Wahl für die Kräuter, aber Sie können auch eine Mischung aus Schnittlauch, Rosmarin, Minze oder was auch immer Sie zur Hand haben, verwenden.

Ich brate gerne im Voraus und werfe dann die Sauce bei Raumtemperatur mit heißen Nudeln wie Penne oder Fusilli. Meine Freundin Suzie O'Rourke erzählt mir, dass sie es am liebsten als Vorspeise auf gerösteten italienischen Brotscheiben serviert.

2 1/2 Pfund runde, Pflaumen-, Kirsch- oder Traubentomaten

4 Knoblauchzehen, sehr fein gehackt

Salz

Prise zerkleinerten roten Pfeffer

½ Tasse Olivenöl

½ Tasse gehacktes frisches Basilikum, Petersilie oder andere Kräuter

1. Stellen Sie einen Rost in die Mitte des Ofens. Heizen Sie den Ofen auf 400 ° F vor. Ölen Sie eine nicht reaktive 13 × 9 × 2-Zoll-Backform.

2. Grobe oder Pflaumentomaten grob in 1/2-Zoll-Stücke schneiden. Kirsch- oder Traubentomaten in Hälften oder Viertel schneiden.

3. Die Tomaten in der Pfanne verteilen. Mit Knoblauch, Salz und zerkleinertem rotem Pfeffer bestreuen. Mit dem Öl beträufeln und vorsichtig umrühren.

4. 30 bis 45 Minuten braten oder bis die Tomaten leicht gebräunt sind. Die Tomaten aus dem Ofen nehmen und die Kräuter einrühren. Heiß oder bei Raumtemperatur servieren.

Ragù im Abruzzen-Stil

Ragù Abruzzese

Macht etwa 7 Tassen

Das Gemüse für diesen Ragù bleibt ganz und einige der Fleischsorten werden am Knochen gekocht. Am Ende der Garzeit werden das Gemüse und die losen Knochen entfernt. Das Fleisch wird normalerweise aus der Sauce genommen und als zweiter Gang serviert. Servieren Sie diese Sauce mit klobigen Nudelformen wie Rigatoni.

3 Esslöffel Olivenöl

1 Pfund Schweineschulter mit einigen Knochen, in 2-Zoll-Stücke geschnitten

1 Pfund Lammhals oder Schulter mit Knochen, in 2-Zoll-Stücke geschnitten

1 Pfund Kalbseintopf ohne Knochen, in 1-Zoll-Stücke geschnitten

1/2 Tasse trockener Rotwein

2 Esslöffel Tomatenmark

4 Pfund frische Tomaten, geschält, entkernt und gehackt, oder 2 (28 Unzen) Dosen importierte italienische geschälte Tomaten mit ihrem Saft, die durch eine Lebensmittelmühle geleitet wurden

2 Tassen Wasser

Salz und frisch gemahlener schwarzer Pfeffer

1 mittelgroße Zwiebel

1 Rippensellerie

1 mittlere Karotte

1. In einem großen schweren Topf das Öl bei mittlerer Hitze erhitzen. Fügen Sie das Fleisch hinzu und kochen Sie es unter gelegentlichem Rühren, bis es leicht gebräunt ist.

2. Fügen Sie den Wein hinzu und kochen Sie, bis der größte Teil der Flüssigkeit verdunstet ist. Tomatenmark einrühren. Fügen Sie die Tomaten, Wasser und Salz und Pfeffer hinzu, um zu schmecken.

3. Fügen Sie das Gemüse hinzu und bringen Sie es zum Kochen. Decken Sie den Topf ab und kochen Sie ihn unter gelegentlichem Rühren etwa 3 Stunden lang, bis das Fleisch sehr zart ist. Wenn die Sauce dünn erscheint, decken Sie sie auf und kochen Sie sie, bis sie leicht reduziert ist.

4. Abkühlen lassen. Entfernen Sie alle losen Knochen und das Gemüse.

5. Vor dem Servieren aufwärmen oder abdecken und bis zu 3 Tage im Kühlschrank oder bis zu 3 Monate im Gefrierschrank lagern.

Neapolitanischer Ragù

Ragù alla Napolitana

Macht etwa 8 Tassen

Dieses herzhafte Ragù, das aus verschiedenen Rind- und Schweinefleischstücken hergestellt wird, wird von vielen Italienern und Amerikanern als "Soße" bezeichnet, die für das Mittagessen oder Abendessen am Sonntag zubereitet wird. Es ist ideal zum Werfen mit kräftigen Nudelformen wie Muscheln oder Rigatoni und zur Verwendung in gebackenen Nudelgerichten wie z<u>Neapolitanische Lasagne</u>.

Die Fleischbällchen werden gegen Ende der Garzeit in die Sauce gegeben, sodass Sie sie zubereiten können, während die Sauce köchelt.

2 Esslöffel Olivenöl

1 Pfund fleischige Schweinehalsknochen oder Spareribs

1 Pfund Rinderfutter in einem Stück

1 Pfund italienische Würstchen mit normalem oder Fenchelschweinefleisch

4 Knoblauchzehen, leicht zerkleinert

¼ Tasse Tomatenmark

3 (28 bis 35 Unzen) können italienische geschälte Tomaten importieren

Salz und frisch gemahlener schwarzer Pfeffer nach Geschmack

6 frische Basilikumblätter, in kleine Stücke zerrissen

1 Rezept Neapolitanische Fleischbällchen, die größere Größe

2 Tassen Wasser

1. In einem großen schweren Topf das Öl bei mittlerer Hitze erhitzen. Das Schweinefleisch trocken tupfen und die Stücke in den Topf geben. Kochen, gelegentlich wenden, ca. 15 Minuten oder bis sie von allen Seiten schön gebräunt sind. Das Schweinefleisch auf einen Teller legen. Das Rindfleisch auf die gleiche Weise anbraten und aus dem Topf nehmen.

2. Die Würste in den Topf geben und von allen Seiten anbraten. Legen Sie die Würste mit dem anderen Fleisch beiseite.

3. Das meiste Fett abtropfen lassen. Fügen Sie den Knoblauch hinzu und kochen Sie 2 Minuten oder bis golden. Knoblauch wegwerfen. Tomatenmark einrühren; 1 Minute kochen.

4. Mit einer Lebensmittelmühle die Tomaten und ihren Saft in den Topf pürieren. Oder, für eine klobigere Sauce, hacken Sie einfach

die Tomaten. Fügen Sie 2 Tassen Wasser und Salz und Pfeffer hinzu. Fügen Sie das Schweinefleisch, Rindfleisch, Würstchen und Basilikum hinzu. Die Sauce zum Kochen bringen. Decken Sie den Topf teilweise ab und kochen Sie ihn bei schwacher Hitze unter gelegentlichem Rühren 2 Stunden lang. Wenn die Sauce zu dick wird, fügen Sie etwas mehr Wasser hinzu.

5. In der Zwischenzeit die Frikadellen vorbereiten. Wenn die Sauce fast fertig ist, fügen Sie die Fleischbällchen der Sauce hinzu. 30 Minuten kochen lassen oder bis die Sauce dick ist und das Fleisch sehr zart ist. Nehmen Sie das Fleisch aus der Sauce und servieren Sie es als zweiten Gang oder als separate Mahlzeit. Die Sauce heiß servieren. Decken Sie es ab und lagern Sie es bis zu 3 Tage in einem luftdichten Behälter im Kühlschrank oder bis zu 2 Monate im Gefrierschrank.

Wurst Ragù

Ragù di Salsiccia

Macht 4 1/2 Tassen

Kleine Stücke italienisches Schweinswurstfleisch studieren diese Sauce aus Süditalien. Wenn Sie es scharf mögen, verwenden Sie heiße Würste. Servieren Sie diese Sauce auf<u>Kartoffel-Tortelli</u> oder klobige Nudeln, wie Muscheln oder Rigatoni.

1 Pfund einfache italienische Schweinswürste

2 Esslöffel Olivenöl

2 Knoblauchzehen, fein gehackt

1/2 Tasse trockener Weißwein

3 Pfund frische Pflaumentomaten, geschält, entkernt und gehackt, oder 1 (28 Unzen) können italienische geschälte Tomaten mit ihrem Saft importieren, die durch eine Lebensmittelmühle geleitet werden

Salz und frisch gemahlener schwarzer Pfeffer

3 bis 4 frische Basilikumblätter, in Stücke gerissen

1. Entfernen Sie die Wurst aus den Hüllen. Das Fleisch fein hacken.

2. In einem großen Topf das Öl bei mittlerer Hitze erhitzen. Fügen Sie das Wurstfleisch und den Knoblauch hinzu. Unter häufigem Rühren ca. 10 Minuten kochen, bis das Schweinefleisch leicht gebräunt ist. Den Wein dazugeben und zum Kochen bringen. Kochen, bis der größte Teil des Weins verdunstet ist.

3. Tomaten und Salz nach Belieben einrühren. Zum Kochen bringen. Reduzieren Sie die Hitze auf niedrig. Unter gelegentlichem Rühren etwa 1 Stunde und 30 Minuten kochen, bis die Sauce eingedickt ist. Basilikum kurz vor dem Servieren einrühren. Heiß servieren. Kann im Voraus hergestellt und in einem dicht verschlossenen Behälter bis zu 3 Tage im Kühlschrank oder bis zu 2 Monate im Gefrierschrank aufbewahrt werden.

Ragù im Märchenstil

Ragù di Carne alla Marchigiana

Macht etwa 5 Tassen

In der Stadt Campofilone in den Marken Mittelitaliens findet jährlich ein Pastafestival statt, das Besucher aus aller Welt anzieht. Der Höhepunkt des Festes sind Maccheroncini, handgerollte Eiernudeln, die mit dieser würzigen Fleischsauce serviert werden. Eine Mischung aus Kräutern und einer Prise Nelken verleiht diesem Ragù einen besonderen Geschmack. Ein wenig Milch, die am Ende der Garzeit hinzugefügt wird, verleiht ihm ein glattes Finish. Wenn Sie diese Sauce vorzeitig zubereiten, fügen Sie die Milch kurz vor dem Servieren hinzu. Mit Fettuccine servieren.

1 Tasse hausgemacht Fleischbrühe oder im Laden gekaufte Rinderbrühe

¼ Tasse Olivenöl

1 kleine Zwiebel, fein gehackt

1 Sellerierippe, gehackt

1 Karotte, gehackt

1 Esslöffel gehackte frische Petersilie

2 Teelöffel gehackter frischer Rosmarin

1 Teelöffel gehackter frischer Thymian

1 Lorbeerblatt

1 Pfund ohne Knochen Rindfleischfutter, in 2-Zoll-Stücke geschnitten

1 (28 Unzen) Dose importierte italienische geschälte Tomaten, abgetropft und durch eine Lebensmittelmühle geleitet

Prise gemahlene Nelken

Salz und frisch gemahlener schwarzer Pfeffer

1/2 Tasse Milch

1. Bereiten Sie gegebenenfalls die Brühe vor. Gießen Sie das Öl in einen großen Topf. Fügen Sie das Gemüse und die Kräuter hinzu und kochen Sie es bei mittlerer Hitze unter gelegentlichem Rühren 15 Minuten lang oder bis das Gemüse zart und golden ist.

2. Fügen Sie das Rindfleisch hinzu und kochen Sie es unter häufigem Rühren, bis das Fleisch braun ist. Mit Salz und Pfeffer bestreuen. Fügen Sie das Tomatenpüree, die Brühe und die Nelken hinzu. Zum Kochen bringen. Decken Sie die Pfanne

teilweise ab und kochen Sie sie unter gelegentlichem Rühren, bis das Fleisch zart und die Sauce dick ist (ca. 2 Stunden).

3. Entfernen Sie das Fleisch, lassen Sie es abtropfen und hacken Sie es fein. Rühren Sie das gehackte Fleisch zurück in die Sauce.

4. Fügen Sie die Milch hinzu und erhitzen Sie sie 5 Minuten vor dem Servieren. Heiß servieren. Kann im Voraus hergestellt und in einem luftdichten Behälter im Kühlschrank bis zu 3 Tagen oder im Gefrierschrank bis zu 2 Monaten gelagert werden.

Toskanische Fleischsauce

Ragù alla Toscana

Macht 8 Tassen

Gewürze und Zitronenschale verleihen diesem Rinder- und Schweinefleischragù einen süßen Geschmack. Servieren Sie es mit pici.

4 Esslöffel ungesalzene Butter

¼ Tasse Olivenöl

4 Unzen importierter italienischer Schinken, gehackt

2 mittelgroße Karotten

2 mittelrote Zwiebeln

1 große Sellerierippe, gehackt

¼ Tasse gehackte frische flache Petersilie

1 Pfund ohne Knochen Rindfleischfutter, in 2-Zoll-Stücke geschnitten

8 Unzen italienische süße Würstchen oder gemahlenes Schweinefleisch

2 Pfund frische Tomaten oder 1 (28 Unzen) können gehackte italienische geschälte Tomaten importieren

2 Tassen hausgemacht Fleischbrühe oder im Laden gekaufte Rinderbrühe

1/2 Tasse trockener Rotwein

1/2 Teelöffel geriebene Zitronenschale

Eine Prise Zimt

Prise Muskatnuss

Salz und frisch gemahlener schwarzer Pfeffer nach Geschmack

1. In einem großen Topf die Butter bei mittlerer Hitze mit dem Olivenöl schmelzen. Schinken und gehacktes Gemüse dazugeben und unter häufigem Rühren 15 Minuten kochen lassen.

2. Rühren Sie das Fleisch ein und kochen Sie es unter häufigem Rühren etwa 20 Minuten lang, bis es braun ist.

3. Fügen Sie die Tomaten, Brühe, Wein, Zitronenschale, Zimt, Muskatnuss sowie Salz und Pfeffer nach Geschmack hinzu. Die Mischung zum Kochen bringen. Unter gelegentlichem Rühren ca. 2 Stunden kochen, bis die Sauce eingedickt ist.

4. Entfernen Sie die Rindfleischstücke aus dem Topf. Legen Sie sie auf ein Schneidebrett und hacken Sie sie in kleine Stücke. Rühren Sie das gehackte Fleisch in die Sauce. Heiß servieren. Kann im Voraus hergestellt und in einem luftdichten Behälter im Kühlschrank bis zu 3 Tagen oder im Gefrierschrank bis zu 2 Monaten gelagert werden.

Ragù nach Bologna-Art

Bolognese Sauce

Macht etwa 5 Tassen

In Tamburini, Bolognas bestem Gourmet- und Imbissladen, können Sie viele Arten von frischen Eiernudeln kaufen. Die bekanntesten sind Tortellini, nickelgroße Nudelringe, gefüllt mit Mortadella, einer fein gewürzten Schweinswurst. Die Tortellini werden entweder in Brodo, "Brühe", Alla Panna, in einer schweren Sahnesauce oder am besten in Al Ragù mit einer reichhaltigen Fleischsauce serviert. Das lange, langsame Garen des Soffritto - aromatisches Gemüse und Pancetta - verleiht dem Ragù nach Bolognese-Art einen tiefen, reichen Geschmack.

2 Tassen hausgemacht Fleischbrühe oder im Laden gekaufte Rinderbrühe

2 Esslöffel ungesalzene Butter

2 Esslöffel Olivenöl

2 Unzen Pancetta, fein gehackt

2 kleine Karotten, geschält und fein gehackt

1 Zwiebel, fein gehackt

1 zarte Sellerierippe, fein gehackt

8 Unzen gemahlenes Kalbfleisch

8 Unzen gemahlenes Schweinefleisch

8 Unzen Rinderhackfleisch

1/2 Tasse trockener Rotwein

3 Esslöffel Tomatenmark

1/4 Teelöffel geriebene Muskatnuss

Salz und frisch gemahlener schwarzer Pfeffer

1 Tasse Milch

1. Bereiten Sie gegebenenfalls die Brühe vor. In einem großen Topf die Butter bei mittlerer Hitze mit dem Öl schmelzen. Fügen Sie die Pancetta, Karotten, Zwiebeln und Sellerie hinzu. Kochen Sie die Mischung bei schwacher Hitze unter gelegentlichem Rühren, bis alle Aromen sehr zart sind und eine satte goldene Farbe haben (ca. 30 Minuten). Wenn die Zutaten zu stark bräunen, rühren Sie etwas warmes Wasser ein.

2. Fügen Sie das Fleisch hinzu und rühren Sie gut um. Kochen Sie unter häufigem Rühren, um die Klumpen aufzubrechen, bis das

Fleisch seine rosa Farbe verliert, aber nicht bräunt (ca. 15 Minuten).

3. Den Wein dazugeben und ca. 2 Minuten köcheln lassen, bis die Flüssigkeit verdunstet ist. Tomatenmark, Brühe, Muskatnuss einrühren und nach Belieben mit Salz und Pfeffer abschmecken. Die Mischung zum Kochen bringen. Bei schwacher Hitze unter gelegentlichem Rühren etwa 2 1/2 bis 3 Stunden kochen, bis die Sauce dick ist. Wenn die Sauce zu dick wird, fügen Sie etwas mehr Brühe oder Wasser hinzu.

4. Milch einrühren und weitere 15 Minuten kochen lassen. Heiß servieren. Kann im Voraus hergestellt und in einem luftdichten Behälter im Kühlschrank bis zu 3 Tagen oder im Gefrierschrank bis zu 2 Monaten gelagert werden.

Ente Ragù

Ragù di Anatra

Macht etwa 5 Tassen

Wildenten gedeihen in den Lagunen und Sümpfen Venetiens, und lokale Köche bereiten mit ihnen wunderbare Gerichte zu. Sie werden in Ragù so geröstet, geschmort oder zubereitet. Die reichhaltige Gamysauce wird mit Bigoli, dicken Vollkornspaghetti, die mit einem Torchio, einer handgekurbelten Nudelpresse, zubereitet werden, gegessen. Frische domestizierte Enten sind zwar nicht so aromatisch wie die wilde Sorte, aber ein guter Ersatz. Ich serviere die Sauce mit Fettuccine und den Entenstücken als zweiten Gang.

Lassen Sie den Metzger die Ente für Sie vierteln oder machen Sie es selbst mit einer Geflügelschere oder einem großen Kochmesser. Wenn Sie es lieber nicht verwenden möchten, lassen Sie einfach die Leber weg.

1 Entlein (ungefähr 5 1/2 Pfund)

2 Esslöffel Olivenöl

Salz und frisch gemahlener schwarzer Pfeffer nach Geschmack

2 Unzen Pancetta, gehackt

2 mittelgroße Zwiebeln, gehackt

2 mittelgroße Karotten, gehackt

2 Sellerierippen, gehackt

6 frische Salbeiblätter

Prise frisch geriebene Muskatnuss

1 Tasse trockener Weißwein

2 1/2 Tassen geschälte, entkernte und gehackte frische Tomaten

1. Spülen Sie die Ente innen und außen aus und entfernen Sie loses Fett aus dem Hohlraum. Schneiden Sie die Ente mit einer Geflügelschere in 8 Stücke. Schneiden Sie zuerst die Ente entlang des Rückgrats. Öffne die Ente wie ein Buch. Schneiden Sie die Ente mit einem schweren Messer der Länge nach zwischen den beiden Seiten der Brust in zwei Hälften. Schneiden Sie den Oberschenkel von der Brust ab. Trennen Sie Bein und Oberschenkel am Gelenk. Trennen Sie den Flügel und die Brust am Gelenk. Wenn Sie die Leber verwenden, schneiden Sie sie in Würfel und legen Sie sie beiseite.

2. In einem großen schweren Topf das Öl bei mittlerer Hitze erhitzen. Die Entenstücke mit Papiertüchern trocken tupfen. Fügen Sie die Entenstücke hinzu und kochen Sie sie unter gelegentlichem Rühren, bis sie von allen Seiten braun sind. Mit Salz und Pfeffer bestreuen. Nehmen Sie die Ente auf eine Platte. Alle bis auf 2 Esslöffel Fett ablöffeln.

3. Pancetta, Zwiebeln, Karotten, Sellerie und Salbei in die Pfanne geben. 10 Minuten unter gelegentlichem Rühren kochen, bis das Gemüse zart und golden ist. Den Wein dazugeben und 1 Minute köcheln lassen.

4. Die Ente wieder in den Topf geben und die Tomaten und das Wasser hinzufügen. Bringen Sie die Flüssigkeit zum Kochen. Decken Sie den Topf teilweise ab und kochen Sie ihn unter gelegentlichem Rühren 2 Stunden lang oder bis die Ente beim Durchstechen mit einer Gabel sehr zart ist. Bei Bedarf die Entenleber einrühren. Nehmen Sie die Pfanne vom Herd. Leicht abkühlen lassen, dann das Fett von der Oberfläche abschöpfen. Entfernen Sie die Fleischstücke mit einem geschlitzten Löffel aus der Sauce und geben Sie sie auf eine Platte. Zum Warmhalten abdecken.

5. Servieren Sie die Sauce mit heißer gekochter Fettuccine, gefolgt vom Entenfleisch als zweitem Gang. Das gesamte Gericht kann bis zu 2 Tage im Voraus gekocht, in einem luftdichten Behälter aufbewahrt und gekühlt werden.

Kaninchen oder Huhn Ragù

Ragù di Coniglio o Pollo

Macht 3 Tassen

Zum Osteressen war es in unserem Haus traditionell, mit Pasta in einem Kaninchenragout zu beginnen. Für diejenigen in der Familie, die es ablehnen, Kaninchen zu essen, würde meine Mutter die gleiche Sauce mit Hühnchen machen. Angesichts der Milde von Kaninchenfleisch fand ich das Hühnchenragout immer viel schmackhafter. Lassen Sie den Metzger das Kaninchen oder Huhn für Sie zerschneiden.

1 kleines Kaninchen oder Huhn, in 8 Stücke geschnitten

2 Esslöffel Olivenöl

1 (28 Unzen) Dose importierte italienische geschälte Tomaten mit ihrem Saft, gehackt

1 mittelgroße Zwiebel, fein gehackt

1 mittelgroße Karotte, fein gehackt

1 Knoblauchzehe, fein gehackt

1/2 Tasse trockener Weißwein

1 Teelöffel gehackter frischer Rosmarin

Salz und frisch gemahlener schwarzer Pfeffer

1. In einer großen Pfanne das Öl bei mittlerer Hitze erhitzen. Das Kaninchen oder die Hühnchenstücke trocken tupfen und mit Salz und Pfeffer bestreuen. Legen Sie sie in die Pfanne und bräunen Sie sie von allen Seiten ca. 20 Minuten lang gut an.

2. Entfernen Sie die Stücke auf einem Teller. Alle bis auf zwei Esslöffel Fett in der Pfanne ablöffeln.

3. Zwiebel, Karotte, Knoblauch und Rosmarin in die Pfanne geben. Unter häufigem Rühren kochen, bis das Gemüse zart und leicht golden ist. Den Wein dazugeben und 1 Minute köcheln lassen. Führen Sie die Tomaten mit ihren Säften durch eine Lebensmittelmühle oder pürieren Sie sie in einem Mixer oder einer Küchenmaschine und geben Sie sie in den Topf. Nach Belieben Salz und Pfeffer hinzufügen. Reduzieren Sie die Hitze auf niedrig und decken Sie die Pfanne teilweise ab. 15 Minuten köcheln lassen, dabei gelegentlich umrühren.

4. Legen Sie das Fleisch wieder in die Pfanne. 20 Minuten unter gelegentlichem Rühren kochen, bis das Fleisch zart ist und abfällt oder sich leicht vom Knochen löst. Entfernen Sie die

Fleischstücke mit einem geschlitzten Löffel aus der Sauce und geben Sie sie auf eine Platte. Zum Warmhalten abdecken.

5. Servieren Sie die Sauce über heißer, gekochter Fettuccine, gefolgt von Kaninchen oder Hühnchen als zweitem Gang. Kann im Voraus hergestellt und in einem luftdichten Behälter im Kühlschrank bis zu 3 Tagen oder im Gefrierschrank bis zu 2 Monaten gelagert werden.

Steinpilze und Fleisch Ragù

Ragù di Funghi e Carne

Macht etwa 6 Tassen

Obwohl viel über die großen weißen Trüffel des Piemont geschrieben wurde, sind Steinpilze, die von den Franzosen Cèpes genannt werden, ein ebenso großer Schatz der Region. Nach dem Regen reichlich vorhanden, werden die dicken braunen Steinpilzkappen von kurzen, cremeweißen Stielen getragen, die ihnen ein molliges Aussehen verleihen. Ihr Name bedeutet kleine Schweine. Gegrillt oder geröstet mit Olivenöl und Kräutern ist der Pilzgeschmack süß und nussig. Da frische Steinpilze nur im Frühjahr und Herbst erhältlich sind, verlassen sich die Köche in dieser Region den Rest des Jahres auf getrocknete Steinpilze, um Saucen und Schmorgerichten einen reichen, holzigen Geschmack zu verleihen.

Getrocknete Steinpilze werden normalerweise in durchsichtigen Plastik- oder Zellophanverpackungen verkauft. Suchen Sie nach großen ganzen Scheiben mit einem Minimum an Krümeln und Schmutz am Boden des Beutels. Das Verfallsdatum sollte innerhalb des Jahres liegen. Der Geschmack verblasst mit zunehmendem Alter der Pilze. Lagern Sie getrocknete Steinpilze in einem dicht verschlossenen Behälter.

1 1/2 Tassen hausgemacht Fleischbroth oder im Laden gekaufte Rinderbrühe

1 Unze getrocknete Steinpilze

2 Tassen warmes Wasser

2 Esslöffel Olivenöl

2 Unzen gehackte Pancetta

1 Karotte, gehackt

1 mittelgroße Zwiebel, gehackt

1 Sellerierippe, gehackt

1 Knoblauchzehe, sehr fein gehackt

1 1/2 Pfund gemahlenes Kalbfleisch

1/2 Tasse trockener Weißwein

Salz und frisch gemahlener schwarzer Pfeffer

1 Tasse gehackte frische oder eingemachte importierte italienische Tomaten

1/4 Teelöffel frisch geriebene Muskatnuss

1. Bereiten Sie gegebenenfalls die Brühe vor. In einer mittelgroßen Schüssel die Pilze 30 Minuten im Wasser einweichen. Heben Sie die Pilze aus der Einweichflüssigkeit. Die Flüssigkeit durch einen Papierkaffeefilter oder ein Stück angefeuchtetes Käsetuch in eine saubere Schüssel abseihen und beiseite stellen. Spülen Sie die Pilze unter fließendem Wasser ab und achten Sie dabei besonders auf die Basis, auf der sich der Boden sammelt. Die Pilze fein hacken.

2. Gießen Sie das Öl in einen großen Topf. Fügen Sie die Pancetta hinzu und kochen Sie sie bei mittlerer Hitze etwa 5 Minuten lang. Fügen Sie die Karotte, Zwiebel, Sellerie und Knoblauch hinzu und kochen Sie unter häufigem Rühren, bis sie zart und goldbraun sind, weitere 10 Minuten. Fügen Sie das Kalbfleisch hinzu und kochen Sie es, bis es leicht gebräunt ist. Rühren Sie es häufig um, um die Klumpen aufzubrechen. Fügen Sie den Wein hinzu und kochen Sie 1 Minute. Mit Salz und Pfeffer abschmecken.

3. Fügen Sie die Tomaten, Pilze, Muskatnuss und reservierte Pilzflüssigkeit hinzu. Zum Kochen bringen. 1 Stunde kochen lassen oder bis die Sauce eingedickt ist. Heiß servieren. Kann im Voraus hergestellt und in einem luftdichten Behälter im Kühlschrank bis zu 3 Tagen oder im Gefrierschrank bis zu 2 Monaten gelagert werden.

Schweinefleisch Ragù mit frischen Kräutern

Ragù di Maiale

Macht 6 Tassen

Bei Natale Liberale in Apulien aßen mein Mann und ich dieses gemahlene Schweinefleischragù auf Trokkoli, frischen Spaghetti im quadratischen Schnitt, ähnlich der Pasta alla Chitarra der Abruzzen. Es wurde von seiner Mutter Enza gemacht, die mir zeigte, wie sie mit einem speziellen Nudelholz aus geriffeltem Holz Blätter hausgemachter Eiernudeln schnitt. Der Ragù passt auch gut zu Orecchiette oder frischer Fettuccine.

Die Vielfalt der Kräuter macht Enzas Ragù unverwechselbar. Sie vertiefen den Geschmack der Sauce, wenn sie köcheln. Frische Kräuter sind ideal, aber gefrorene oder getrocknete Kräuter können ersetzt werden, obwohl ich getrocknetes Basilikum vermeide, was unangenehm ist. Ersetzen Sie frische Petersilie, wenn Basilikum nicht verfügbar ist.

4 Esslöffel Olivenöl

1 mittelgroße Zwiebel, fein gehackt

1/2 Tasse gehacktes frisches Basilikum oder flache Petersilie

¼ Tasse gehackte frische Minzblätter oder 1 Teelöffel getrocknet

1 Esslöffel gehackter frischer Salbei oder 1 Teelöffel getrocknet

1 Teelöffel gehackter frischer Rosmarin oder ½ Teelöffel getrocknet

½ Teelöffel Fenchelsamen

1 Pfund gemahlenes Schweinefleisch

Salz und frisch gemahlener schwarzer Pfeffer

½ Tasse trockener Rotwein

1 (28 Unzen) Dose importierte italienische geschälte Tomaten mit ihrem Saft, gehackt

1. Geben Sie das Öl, die Zwiebel, alle Kräuter und die Fenchelsamen in einen großen Topf und stellen Sie die Hitze auf mittel. Unter gelegentlichem Rühren ca. 10 Minuten kochen, bis die Zwiebel zart und goldbraun ist.

2. Das Schweinefleisch einrühren, dann Salz und Pfeffer abschmecken. Kochen Sie unter häufigem Rühren etwa 10 Minuten, um die Klumpen aufzubrechen, bis das Schweinefleisch seine rosa Farbe verliert. Den Wein dazugeben und 5 Minuten köcheln lassen. Tomaten einrühren und 1 Stunde kochen lassen oder bis die Sauce eingedickt ist. Heiß servieren. Kann im Voraus

hergestellt und in einem luftdichten Behälter im Kühlschrank bis zu 3 Tagen oder im Gefrierschrank bis zu 2 Monaten gelagert werden.

Trüffelfleisch Ragù

Ragù Tartufato

Macht 5 Tassen

In Umbrien werden dem Ragù am Ende der Garzeit schwarze Trüffel hinzugefügt, die in der Region angebaut werden. Sie verleihen der Sauce einen besonderen holzigen Geschmack.

Sie können den Trüffel weglassen oder einen Trüffel verwenden, der in Fachgeschäften erhältlich ist. Eine andere Alternative besteht darin, ein kleines Stück Trüffelöl zu verwenden. Verwenden Sie nur eine geringe Menge, da der Geschmack überwältigend sein kann. Servieren Sie diese Sauce mit frischer Fettuccine. Die Sauce ist so reichhaltig, dass geriebener Käse nicht benötigt wird.

1 Unze getrocknete Steinpilze

2 Tassen heißes Wasser

2 Esslöffel ungesalzene Butter

8 Unzen gemahlenes Schweinefleisch

8 Unzen gemahlenes Kalbfleisch

2 Unzen geschnittene Pancetta, fein gehackt

1 Sellerie-Rippe, halbieren

1 mittelgroße Karotte, halbiert

1 kleine Zwiebel, geschält, aber ganz gelassen

2 mittelgroße frische Tomaten, geschält, entkernt und gehackt, oder 1 Tasse importierte italienische Tomatenkonserven, abgetropft und gehackt

1 Esslöffel Tomatenmark

¼ Tasse Sahne

1 kleiner schwarzer frischer oder in Scheiben geschnittener Trüffel, in dünne Scheiben geschnitten oder ein paar Tropfen Trüffelöl

Prise frisch geriebene Muskatnuss

1. Die Steinpilze mit dem Wasser in eine Schüssel geben. 30 Minuten einwirken lassen. Heben Sie die Pilze aus der Flüssigkeit. Die Flüssigkeit durch einen Kaffeefilter oder ein angefeuchtetes Käsetuch in eine saubere Schüssel abseihen und beiseite stellen. Waschen Sie die Pilze gut unter kaltem Wasser und achten Sie dabei besonders auf die Basis der Stängel, an denen sich Erde ansammelt. Die Pilze fein hacken.

2. In einem großen Topf die Butter bei mittlerer Hitze schmelzen. Fügen Sie das Fleisch hinzu und kochen Sie es unter Rühren, um Klumpen aufzubrechen, bis das Fleisch seine rosa Farbe verliert, aber nicht braun wird. Es sollte weich bleiben.

3. Den Wein dazugeben und 1 Minute köcheln lassen. Fügen Sie den Sellerie, die Karotte, die Zwiebel und die Pilze und 1 Tasse ihrer Flüssigkeit, die Tomaten und die Tomatenmark hinzu und rühren Sie gut um. 1 Stunde bei sehr schwacher Hitze kochen lassen. Wenn die Sauce zu trocken wird, etwas Pilzflüssigkeit hinzufügen.

4. Wenn der Ragù 1 Stunde lang gekocht hat, entfernen Sie den Sellerie, die Karotte und die Zwiebel. Die Sauce kann bis zu diesem Punkt zubereitet werden. Lassen Sie es abkühlen, lagern Sie es dann in einem luftdichten Behälter und kühlen Sie es bis zu 3 Tage oder lagern Sie es bis zu 2 Monate im Gefrierschrank. Erwärmen Sie die Sauce, bevor Sie fortfahren.

5. Fügen Sie kurz vor dem Servieren die Sahne, den Trüffel und die Muskatnuss zur scharfen Sauce hinzu. Vorsichtig umrühren, aber nicht kochen, um den Geschmack der Trüffel zu erhalten. Heiß servieren.

Butter-Salbei-Sauce

Salsa al Burro und Salvia

Macht 1/2 Tasse

Das ist so einfach, dass ich gezögert habe, es aufzunehmen, aber es ist die klassische Sauce für frische Eiernudeln, besonders für gefüllte Nudeln wie Ravioli. Verwenden Sie frische Butter und bestreuen Sie das fertige Gericht mit frisch geriebenem Parmigiano-Reggiano-Käse.

1 Stick ungesalzene Butter

6 Salbeiblätter

Salz und frisch gemahlener schwarzer Pfeffer

Parmesankäse

> Die Butter mit dem Salbei bei schwacher Hitze schmelzen. 1 Minute köcheln lassen. Mit Salz und Pfeffer abschmecken. Mit heißen, gekochten Nudeln servieren und mit Parmigiano-Reggiano-Käse belegen.

Variation: Brown Butter Sauce: Kochen Sie die Butter einige Minuten lang, bis sie leicht bräunt. Lass den Salbei weg.

Haselnusssauce: 1/4 Tasse gehackte geröstete Haselnüsse in die Butter geben. Lass den Salbei weg.

Heiliges Öl

Olio Santo

Macht 1 Tasse

Italiener in der Toskana, in den Abruzzen und in anderen Regionen Mittelitaliens nennen dieses heilige Öl, weil es verwendet wird, um viele Suppen und Nudeln zu "salben", so wie gesegnetes Öl in bestimmten Sakramenten verwendet wird. Dieses Öl in Suppen träufeln oder in Nudeln werfen. Sei vorsichtig - es ist heiß!

Sie können getrocknete Chilis verwenden, die Sie in Ihrem Supermarkt finden. Wenn Sie auf einem italienischen Markt sind, suchen Sie nach Peperoncino oder "Peperoni", die in Paketen verkauft werden.

1 Esslöffel zerkleinerte getrocknete Chilis oder zerkleinerter roter Pfeffer

1 Tasse natives Olivenöl extra

In einer kleinen Glasflasche Paprika und Öl vermischen. Abdecken und gut schütteln. 1 Woche vor Gebrauch stehen lassen. An einem kühlen, dunklen Ort bis zu 3 Monate lagern.

Fontina-Käsesauce

Fonduta

Macht 1 3/4 Tassen

In der Locanda di Felicin in Monforte d'Alba im Piemont serviert der Besitzer Giorgio Rocca diese reichhaltige, köstliche Sauce in flachen Tellern, die mit rasierten Trüffeln als Vorspeise oder über Gemüse wie Brokkoli oder Spargel belegt sind. Probiere es an<u>Gnocchi</u>, auch.

2 große Eigelb

1 Tasse Sahne

1/2 Pfund Fontina Valle d'Aosta, in 1/2-Zoll-Würfel geschnitten

In einem kleinen Topf Eigelb und Sahne verquirlen. Fügen Sie den Käse hinzu und kochen Sie ihn bei mittlerer Hitze unter ständigem Rühren, bis der Käse geschmolzen und die Sauce glatt ist (ca. 2 Minuten). Heiß servieren.

Bechamelsauce

Salsa Balsamella

Macht etwa 4 Tassen

Diese einfache weiße Sauce wird normalerweise mit Käse kombiniert und für gebackene Nudeln oder Gemüse verwendet. Das Rezept kann leicht halbiert werden.

1 Liter Milch

6 Esslöffel ungesalzene Butter

5 Esslöffel Mehl

Salz und frisch gemahlener schwarzer Pfeffer nach Geschmack

Prise frisch geriebene Muskatnuss

1. Erhitzen Sie die Milch in einem mittelgroßen Topf, bis sich am Rand kleine Blasen bilden.

2. Die Butter in einem großen Topf bei mittlerer Hitze schmelzen. Mehl hinzufügen und gut umrühren. 2 Minuten kochen.

3. Beginnen Sie langsam, die Milch in einem dünnen Strahl hinzuzufügen, und rühren Sie sie mit einem Schneebesen ein.

Zuerst wird die Sauce dick und klumpig, aber sie lockert sich allmählich und wird glatt, wenn Sie den Rest einrühren.

4. Wenn die gesamte Milch hinzugefügt wurde, Salz, Pfeffer und Muskatnuss unterrühren. Erhöhen Sie die Hitze auf mittel und rühren Sie ständig, bis die Mischung zum Kochen kommt. Noch 2 Minuten kochen. Vom Herd nehmen. Diese Sauce kann bis zu 2 Tage vor der Verwendung hergestellt werden. Gießen Sie es in einen Behälter, legen Sie ein Stück Plastikfolie direkt auf die Oberfläche und verschließen Sie es fest, um die Bildung einer Haut zu verhindern. Kühlen Sie dann ab. Bei schwacher Hitze erhitzen, bevor etwas mehr Milch hinzugefügt wird, wenn diese zu dick ist.

Knoblauchsoße

Agliata

Macht 1 1/2 Tassen

Knoblauchsauce kann mit gekochtem oder gegrilltem Fleisch, Hühnchen oder Fisch serviert werden. Ich habe es sogar mit heißen gekochten Nudeln für eine schnelle Mahlzeit geworfen. Diese Version stammt aus dem Piemont, obwohl ich auch Agliata gegessen habe, die in Sizilien ohne Nüsse hergestellt wurden. Ich mag den Geschmack, den die gerösteten Walnüsse geben.

2 Knoblauchzehen

2 oder 3 Scheiben italienisches Brot, Krusten entfernt

1/2 Tasse geröstete Walnüsse

1 Tasse natives Olivenöl extra

Salz und frisch gemahlener schwarzer Pfeffer

1. Kombinieren Sie in einer Küchenmaschine oder einem Mixer Knoblauch, Brot, Walnüsse sowie Salz und Pfeffer nach Geschmack. Prozess bis fein gehackt.

2. Bei laufender Maschine das Öl allmählich untermischen. Prozess bis die Sauce dick und glatt ist.

3. 1 Stunde vor dem Servieren bei Raumtemperatur stehen lassen.

Grüne Soße

Salsa Verde

Macht 1 1/2 Tassen

Obwohl ich in ganz Italien in der einen oder anderen Form grüne Sauce gegessen habe, ist diese Version meine Lieblingsversion, da das Brot eine cremige Textur verleiht und dabei hilft, die Petersilie in der Flüssigkeit zu halten. Ansonsten neigen die Petersilie und andere Feststoffe dazu, auf den Boden zu sinken. Grüne Sauce mit dem klassischen gekochten Fleischgericht Bollito Misto (<u>Gemischtes gekochtes Fleisch</u>), mit gegrilltem oder geröstetem Fisch oder über geschnittenen Tomaten, gekochten Eiern oder gedämpftem Gemüse. Die Möglichkeiten sind endlos.

3 Tassen locker verpackte frische Petersilie

1 Knoblauchzehe

1/4 Tasse krustenloses italienisches oder französisches Brot, gewürfelt

6 Sardellenfilets

3 Esslöffel abgelassene Kapern

1 Tasse natives Olivenöl extra

2 Esslöffel Rot- oder Weißweinessig

Salz

1. Petersilie und Knoblauch in einer Küchenmaschine fein hacken. Fügen Sie die Brotwürfel, Sardellen und Kapern hinzu und verarbeiten Sie sie, bis sie fein gehackt sind.

2. Fügen Sie bei laufender Maschine Öl und Essig sowie eine Prise Salz hinzu. Nach dem Mischen zum Würzen abschmecken. nach Bedarf anpassen. Decken Sie es ab und lagern Sie es bei Raumtemperatur bis zu zwei Stunden oder im Kühlschrank, um es länger zu lagern.

Sizilianische Knoblauch-Kapern-Sauce

Ammoghiu

Macht etwa 2 Tassen

Die Insel Pantelleria vor der Küste Siziliens ist sowohl für ihren aromatischen Dessertwein moscato di Pantelleria als auch für ihre hervorragenden Kapern bekannt. Die Kapern gedeihen und wachsen überall auf der Insel wild. Im Frühjahr sind die Pflanzen mit schönen rosa und weißen Blüten bedeckt. Die ungeöffneten Knospen der Blüten sind die Kapern, die in grobem Meersalz, einer weiteren lokalen Spezialität, geerntet und konserviert werden. Die Sizilianer glauben, dass das Salz den frischen Geschmack der Kapern besser bewahrt als Essig.

Diese ungekochte Sauce aus Kapern, Tomaten und viel Knoblauch ist ein sizilianischer Favorit für Fisch oder Pasta. Eine Möglichkeit, es zu servieren, ist mit knusprigem gebratenem Fisch oder Calamari.

8 Knoblauchzehen, geschält

1 Tasse Basilikumblätter, gespült und getrocknet

½ Tasse frische Petersilienblätter

Ein paar Sellerieblätter

6 frische Pflaumentomaten, geschält und entkernt

2 Esslöffel Kapern, gespült und abgetropft

½ Tasse natives Olivenöl extra

Salz und frisch gemahlener schwarzer Pfeffer

1. Knoblauch, Basilikum, Petersilie und Sellerieblätter in einer Küchenmaschine fein hacken. Fügen Sie die Tomaten und Kapern hinzu und verarbeiten Sie sie glatt.

2. Bei laufender Maschine nach und nach Olivenöl sowie Salz und Pfeffer nach Geschmack hinzufügen. Prozess bis glatt und gut gemischt. 1 Stunde vor dem Servieren stehen lassen. Bei Raumtemperatur servieren.

Petersilie-Ei-Sauce

Salsa di Prezzemolo und Uova

Macht 2 Tassen

In Trentino-Südtirol wird diese Sauce mit frischem Frühlingsspargel serviert. Hart gekochte Eier geben ihm einen reichen Geschmack und eine cremige Textur. Es passt gut zu pochiertem Hühnchen, Lachs oder Gemüse wie grünen Bohnen und Spargel.

4 große Eier

1 Tasse leicht verpackte frische Petersilie

2 Esslöffel Kapern, gespült, abgetropft und gehackt

1 Knoblauchzehe

1 Teelöffel geriebene Zitronenschale

1 Tasse natives Olivenöl extra

1 Esslöffel frischer Zitronensaft

Salz und frisch gemahlener schwarzer Pfeffer

1. Legen Sie die Eier in einen kleinen Topf mit kaltem Wasser, um sie zu bedecken. Das Wasser zum Kochen bringen. 12 Minuten kochen lassen. Lassen Sie die Eier unter kaltem fließendem Wasser abkühlen. Abgießen und schälen. Die Eier hacken und in eine Schüssel geben.

2. Petersilie, Kapern und Knoblauch in einer Küchenmaschine oder von Hand sehr fein hacken. Übertragen Sie sie in die Schüssel mit den Eiern.

3. Zitronenschale einrühren. Mit einem Schneebesen Öl, Zitronensaft sowie Salz und Pfeffer abschmecken. In ein Sauciere kratzen. Abdecken und 1 Stunde oder über Nacht kalt stellen.

4. Nehmen Sie die Sauce mindestens 1/2 Stunden vor dem Servieren aus dem Kühlschrank. Gut umrühren und zum Würzen abschmecken.

Variation: 1 Esslöffel gehackten frischen Schnittlauch einrühren.

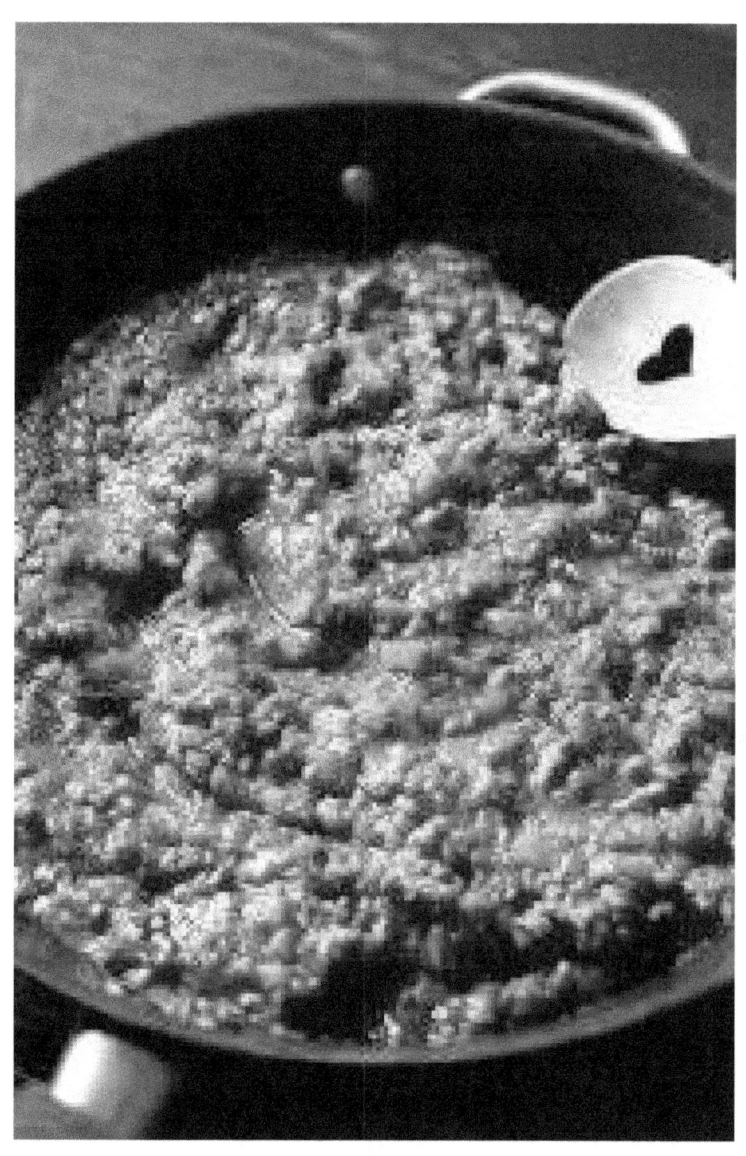

Roter Pfeffer und Tomatensauce

Bagnetto Rosso

Macht etwa 2 Pints

Im norditalienischen Piemont wird diese Sauce in den Sommermonaten, in denen reichlich Gemüse vorhanden ist, in großen Mengen hergestellt. Der Name bedeutet "rotes Bad", weil die Sauce für gekochtes Fleisch oder mit Huhn, Nudeln, Omeletts oder rohem Gemüse verwendet wird.

4 große rote Paprika, gehackt

1 Tasse geschälte, entkernte und gehackte frische Tomaten

1 mittelgroße Zwiebel, gehackt

2 Esslöffel Olivenöl

1 Esslöffel Weinessig

1 Teelöffel Zucker

Prise zerkleinerten roten Pfeffer

Prise gemahlener Zimt

1. Kombinieren Sie in einem großen Topf alle Zutaten. Decken Sie den Topf ab und kochen Sie bei schwacher Hitze. Zum Kochen bringen. (Achten Sie darauf, dass es nicht versengt. Fügen Sie etwas Wasser hinzu, wenn nicht genügend Flüssigkeit vorhanden ist.) Kochen Sie 1 Stunde unter gelegentlichem Rühren, bis die Paprikaschoten sehr zart sind.

2. Leicht abkühlen lassen. Führen Sie die Zutaten durch eine Lebensmittelmühle oder einen Prozess, bis sie in einem Mixer oder einer Küchenmaschine glatt sind. Geschmack zum Würzen. Übertragen Sie die Sauce in dicht verschlossene Behälter und kühlen Sie sie bis zu 1 Woche oder frieren Sie sie bis zu drei Monate ein. Bei Raumtemperatur servieren.

Olivensauce

Salsa di Olive

Macht etwa 1 Tasse

Jarred Olivenpaste ist praktisch für ein schnelles Topping für Crostini oder diese einfache Sauce für gegrilltes Fleisch. Fein gehackte Oliven können ersetzt werden. Dies ist wunderbar auf Rinderfilet oder als Dip für Brot oder Focaccia.

½ Tasse schwarze Olivenpaste

1 Knoblauchzehe, geschält und mit der Seite eines Messers abgeflacht

1 Esslöffel schnippte frischen Rosmarin

½ Tasse natives Olivenöl extra

1 bis 2 Esslöffel Balsamico-Essig

In einer mittelgroßen Schüssel Olivenpaste, Knoblauch, Rosmarin, Öl und Essig verquirlen. Wenn die Sauce zu dick ist, verdünnen Sie sie mit etwas mehr Öl. Mindestens 1 Stunde bei Raumtemperatur stehen lassen. Entfernen Sie den Knoblauch vor dem Servieren.

Sonnengetrocknete Tomatensauce

Salsa di Pomodori Secchi

Macht etwa 3/4 Tasse

Diese Sauce über Steaks, kaltes Roastbeef oder Schweinefleisch oder für ein Antipasti über einen Block milden Ziegenkäses träufeln.

1/2 Tasse abgetropfte marinierte sonnengetrocknete Tomaten, sehr fein gehackt

2 Esslöffel gehackte frische Petersilie

1 Esslöffel gehackte Kapern

1/2 Tasse natives Olivenöl extra

1 Esslöffel Balsamico-Essig

Frisch gemahlener schwarzer Pfeffer

In einer mittelgroßen Schüssel alle Zutaten verquirlen. Vor dem Servieren 1 Stunde bei Raumtemperatur stehen lassen. Bei Raumtemperatur servieren. In einem luftdichten Behälter bis zu 2 Tage im Kühlschrank lagern.

Pfeffersauce nach Molise-Art

Salsa di Peperoni

Macht etwa 1 Tasse

Molise ist eine der kleinsten und ärmsten Regionen Italiens, aber das Essen ist voller Geschmack. Probieren Sie diese pikante Pfeffersauce - im Dialekt Jevezarola genannt - als Gewürz zu gegrilltem oder gebratenem Fleisch oder Hühnchen. Ich mag es sogar auf gegrilltem Thunfisch. Sie können Ihre eigenen verwenden<u>Eingelegte Paprikaschoten</u>oder die im Laden gekaufte Sorte. Wenn Sie Ihr Essen scharf mögen, fügen Sie einige heiße rote eingelegte Paprikaschoten hinzu.

1 Tasse rot eingelegte Paprika, abgetropft

1 mittelgroße Zwiebel, gehackt

1 Esslöffel Zucker

4 Esslöffel Olivenöl

1. Paprika, Zwiebel und Zucker in eine Küchenmaschine oder einen Mixer geben. Mixen, bis alles glatt ist. Fügen Sie das Öl hinzu und mischen Sie gut.

2. Kratzen Sie die Mischung in einen kleinen schweren Topf. Kochen Sie unter häufigem Rühren etwa 45 Minuten lang, bis es sehr dick ist. Vom Herd nehmen und vor dem Servieren abkühlen lassen. Bei Raumtemperatur servieren. In einem luftdichten Behälter bis zu 1 Monat im Kühlschrank lagern.

Olivenöl Mayonnaise

Maionese

Macht 1 Tasse

Hausgemachte Mayonnaise macht den Unterschied, wenn sie einfach auf reifen Tomaten, hart gekochten Eiern, pochiertem Fisch, geschnittenem Hühnchen oder Sandwiches serviert wird. Um es zu machen, verwende ich gerne ein natives Olivenöl extra mit mildem Geschmack oder mische ein Öl mit vollem Geschmack zusammen mit Pflanzenöl. Machen Sie die Mayonnaise von Hand mit einem Schneebesen oder verwenden Sie einen Elektromixer.

Salmonellen in rohen Eiern wurden in den letzten Jahren stark reduziert. Wenn Sie jedoch Zweifel haben, können Sie einen vernünftigen Ersatz herstellen, indem Sie die Mayonnaise mit Tropfen Olivenöl und frischem Zitronensaft nach Geschmack verfeinern.

2 große Eigelb bei Raumtemperatur

2 Esslöffel frischer Zitronensaft

¼ Teelöffel Salz

1 Tasse natives Olivenöl extra oder 1/2 Tasse Pflanzenöl plus 1/2 Tasse natives Olivenöl extra

1. Eigelb, Zitronensaft und Salz in einer mittelgroßen Schüssel hellgelb und dick verquirlen.

2. Wischen Sie weiter, während Sie das Öl ganz allmählich tropfenweise hinzufügen, bis sich die Mischung zu versteifen beginnt. Wenn es dick wird, das restliche Öl gleichmäßiger einrühren und sicherstellen, dass es absorbiert wird, bevor Sie mehr hinzufügen. Wenn das Öl zu irgendeinem Zeitpunkt nicht mehr absorbiert wird, geben Sie das Öl nicht mehr hinzu und verquirlen Sie es schnell, bis die Sauce wieder glatt ist.

3. Würzen und Gewürze anpassen. Sofort servieren oder abdecken und bis zu 2 Tage im Kühlschrank lagern.

Variation: Kräutermayonnaise: 2 Esslöffel sehr fein gehacktes frisches Basilikum oder Petersilie einrühren. Zitronenmayonnaise: 1/2 Teelöffel geriebene frische Zitronenschale einrühren.